KB268473

여숫말은 개미지다

전라남도 여수·돌산지역 사투리

엮은이_ 모라니 김정자

여숫말은 개미지다

전라남도 여수·돌산지역 사투리

엮은이_ 모라니 김정자

좋은땅

향수와 향기가 있는 말, 사투리

　전라남도 여수시 돌산에서 태어나, 그곳에서 듣고 배운 말이 전부인 줄로 알고 자랐습니다. 그러다 해방 후에 우리말 교육을 받으면서 비로소 우리가 쓰는 말은 지방에서 쓰는 사투리이고 표준어가 따로 있다는 것을 알게 되었습니다. 그리고는 알게 모르게 배운 사람들은 표준어를 쓰고, 사투리는 무식한 사람들이 쓰는 말로 인식하게 되었던 것 같습니다.

　더군다나 TV가 많이 보급되면서 지방에서도 어린이나 젊은이들은 표준어를 많이 사용하게 되고, 사투리를 쓰던 연세 드신 분들이 많이 돌아가시고 나서는 주변에서 사투리를 듣기가 점차 어려워졌습니다.

이러다가는 우리 세대가 지나가고 나면 어렸을 때부터 사용해 오던 정겨운 말들이 모두 사라져 버리겠구나 하는 아쉽고 안타까운 마음에 30년쯤 전부터 알고 있는 사투리를 하나씩 둘씩 노트에 적기 시작했습니다. 친구와 대화를 하던 중에도 잊고 있었던 사투리가 나오기라도 하면 하던 대화를 멈추고 즉시 서둘러 적기도 하고, 기억을 더듬어 어릴 적 친정어머니가 많이 쓰셨던 말들을 생각해 내서 적기도 하였습니다.

그렇게 두서없이 적어 두었던 사투리들을 이제 모두 한곳에 모아 간추리고 정리해 보았습니다. 표준어에 대해서는 수많은 학자들이 연구하고 기록하지만, 남쪽 끝 전라남도 여수·돌산 지역의 사투리는 80이 넘은 나라도 나서서 이렇게라도 기록해 두지 않으면 얼마 지나지 않아 모두 그 생명을 다하고 사라져 버릴 것이 분명하기 때문입니다. 무엇보다도 제가 가장 좋아하는 사투리인 산몰랑, 얼렁얼렁, 해가 설:풋허면 같은 말들을 이렇게 지면에 남기게 되어 얼마나 다행인지 모르겠습니다.

　다만 우리말과 사투리에 대한 애정은 누구 못지않지만, 어문학적인 식견을 갖춘 것은 아니라서 그 격식이나 완성도는 의욕에 미치지 못하는 것이 아쉬울 따름입니다. 많은 시간과 노력을 기울였음에도 불구하고 여전히 아직도 내용적으로 부족함이 많습니다. 여수·돌산 지역이라고 한정짓기는 했으나 지역적으로나 시간적으로나 범위가 애매하고, 또 같은 말이라도 다양한 뜻으로 사용되는 경우가 많아서 어려움이 있었습니다.

　또한 사투리라는 것이 워낙 뜻이나 표기에 있어 애매한 부분이 많아서 맞춤법이나 띄어쓰기를 일관성 있게 적용할 수 없었습니다. 그래서 경우에 따라 말뜻이 나타나게 적기도 하고, 또 어떤 것은 소리 나는 그대로 옮겨 적기도 하는 등 변동적으로 표기하였습니다.

　개인적으로 결코 쉽지 않았던 일이었지만, 이제 80대도 반 넘긴 이 늦은 나이에라도 이렇게 그 결과물을 손에 들 수 있게 되어 얼마나 기쁜지 모르겠습니다.

　이 책의 사투리를 기억하고 공감하는 세대라면 '그래, 이런 말이 있었지.' 하며 오랜만에 향수를 달래는 시간을 가질 수 있었으면 좋겠고, 이게 무슨 말인가 할 젊은 세대들에게는 '우리 부모님, 조부모님 세대에는 이렇게 정겹고 아름다운 말을 쓰셨었구나.' 하며 사투리의 진한 향기를 느껴 보는 기회가 되기를 바랍니다.

모라니 김정자

『여숫말은 개미지다』에 올리는 글

87세의 늦은 나이에도 하고 싶은 일을 서둘러 하고 있습니다. 오랫동안 시어머님 간병을 하는 바람에 돌아가시고 난 후에야 미뤄둔 일들을 정리할 수 있었고, 70을 바라보는 때가 돼서야 여태까지 미뤄오던 그림을 그려 보고 싶었습니다. 그래서 혼자서 틈틈이 그림을 그려 2019년 10월 말에 개인 미술 전시회를 개최했습니다.

그러고 나니 몇십 년 전 젊었을 때부터 생각날 때마다 노트에 메모해 오고 있었던 사투리도 묶어서 정리해 보면 어떨까 하는 생각을 하게 되었습니다. 그래서 2022년 5월에 『전라남도 여수·돌산지역 사투리』를 비매품으로 출간하여 주변 친구들, 친지들께 선물을 해 드렸습니다. 그런데 그 책을 본 주변 분들이 책을 요청하기도 하고, 어떻게 소문을 들었는지 연락을 해 오시는 분들도 많아서 1개월 만에 300부가 다 소진되어 급히 300단어를 보태 추가 제작까지 하게 되었습니다.

생각지도 못했던 이런 호응을 보며 더 많은 사람들과 공유하고 싶고 더 오랫동안 지키고 전수하고 싶다는 생각에 500여 단어를 더 추가하고 부록도 내용을 보완하여 마침내 이렇게 『여숫말은 개미지다』를 출간하기에 이르렀습니다.

책의 격을 갖출 수 있도록 훌륭하신 분들이 소중한 추천의 글을 써 주셔서 정말 감사하고, 예쁘게 다듬어 주신 출판사와 편집자들께도 감사드립니다. 이 정겨운 말들이 더 많은 사람들에게 보석처럼 소중하게 다가가기를, 또 먼 훗날 우리 후손들에게까지 오래오래 꽃처럼 진한 향기로 전해지기를 소원합니다.

2024년 12월, 또 한 해가 저물어 가고 있는 저녁에
모라니 김정자

사멸 위기의 언어를 지키는 위대한 어머니

전성태
소설가, 국립순천대 교수

유네스코(UNESCO)는 2023년 발표에서 세계적으로 사용되는 7,000개 이상의 언어 중 3,000개가 이번 세기 말까지 사라질 위험에 처해 있다고 경고합니다. 유네스코의 '세계 언어 사멸 위기 지도'는 1950년 이후로 사용되지 않은 언어를 사멸로 간주합니다. 대표적으로 카파도키아 그리스어, 고딕어, 모짜라비치어, 옛 프로이센어, 시베리아 만시어, 미국 후론-위안도트어 등이 사멸했습니다. 지난 5백 년 동안 세계의 언어 중 절반 가량이 사라졌다고 합니다.

1987년 로신다 놀라스케스가 죽으면서 페뇨어가 사라졌습니다. 1990년에는 로라 소머설이 죽으면서 와포어가 사라졌습니다. 지금도 어느 언어는 마지막 한 사람의 운명과 함께 사멸의 길에 들어서 있습니다. 이제 그 한 사람이 떠나고 나면 그들의 언어로 불리던 태양과 별도 사라지는 것입니다. 그 태양과 별은 다른 언어의 태양이나 별과는 다릅니다. 그들의 조상 대대로 체험하고 사유한 태양과 별의 상상력도 함께 사라지는 것입니다. 한 언어가 사멸하면 한 생활 양식도 사라진다는 점에서 언어의 소멸은 곧 문화 소멸의 징후로 읽힙니다.

모라니 김정자 어머니께서 모아놓은 여수·돌산 지역 사투리는 바로 이런 안타까움이 낳은 결과물입니다. 본인이 기록해 놓지 않으면 영원히 사라질지 모른다는 심정으로 마치 늦가을 들판에서 이삭을 줍듯 이 지역의 사투리와 속담, 민요를 모아 놓았습니다.

귀비개(절편이나 증편의 맨 마지막 토막), 숨모둠(형제들이 먼저 죽고 혼자 남은 사람), 시구쫑지(석유 등잔),

웃덮기(장사꾼들이 좋은 물건을 위로 올려 모양 내기), 전딜심(참을성), 말부지(말로 하는 부조), 부떡(부뚜막), 뻘쭈배기(펄투성이), 홍그래태롱(일하면서 가사가 들리지 않게 홍얼거리는 타령)……. 이런 말들을 이제 누가 들려주겠습니까.

갈금갈금(조금씩조금씩), 니미룩내미룩(서로 미루는 모양), 달밤달밤(한 발짝 한 발짝), 허분허분(마르지 않고 축축하지도 않게 부드러운)과 같이 음악 같은 말들을 어디서 듣겠습니까.

기뚝에서 자다가 나왔는갑다(굴뚝에서 자다가 나온 것처럼 상황을 전혀 모른다), 깨미한테 붕알 띠인다(깔보다가 낭패 당한다), 꽃은 반만 핀 것이 곱고 술은 반만 취한 것이 좋다, 눈꾸멍에 박꽃이 핏는갑다(다 본 것을 혼자 못 봤다는 사람이 어이없어서), 든반 밑에서 수꾸락 주섰다(부엌 선반 밑에서 숟가락을 주웠다), 말 단 집에 가지 말고 장 단 집에 가라 했다(말을 달게 하는 집에 가지 말고 간장이 맛있는 집에 가라고 했다)……. 이토록 지혜롭고 오지게 재밌는 비유를 또 어디서 만난단 말입니까.

 방언을 아끼는 작가로서 저는 김정자 어머니의 여수·돌산 지역 사투리 사전이 보물을 만난 듯 경이로웠습니다. 이분 역시 사투리가 갖는 색깔과 맛, 그리고 그 언어의 사회적 환기력까지도 예민하게 감지하는 뛰어난 언어 감별사라는 걸 알아차렸습니다. 지난 30여 년의 공력이 말해 주듯 사투리를 옮겨서 분류하고, 그 뜻을 명확히 밝혀 나가는 솜씨가 언어학자 못지않습니다.

 저는 김정자 어머니에게서 사멸해 가는 언어를 마지막으로 지키는 숭고한 초상을 목격했습니다. 이제 여수를 배경으로 한 문학 작품을 창작하고자 하는 작가들뿐 아니라 이 지역의 언어가 궁금한 후학들이 김정자 어머니의 노작을 떠들어 살필 것입니다. 고향을 떠난 자식들이 어머니를 대하듯 이 말들을 눈물겹게 만나리라 생각합니다. 어머니의 노고와 시간, 그리고 언어에 대한 사랑이 그저 경이로울 따름입니다. 존경의 마음을 담아 먼저 읽은 소감을 소박하게나마 밝힙니다.

우리 이모의 열정이 보존한 고향의 말

심재훈

단국대 사학과 교수
미국 시카고대학 박사,
단국대 문과대 학장과
중국고중세사학회 회장
역임

저는 1962년에 태어났습니다. 항상 운이 좋은 세대라고 믿고 감사드리며 살고 있습니다. 그 감사는 특히 저희 세대와 달리 불운했던 부모님 세대로 향해야 합니다. 일제 식민 치하의 막바지에 태어나 해방되자마자 한국 전쟁이라는 말로 다 할 수 없는 참사까지 겪은 세대입니다.

끼니 해결이 주된 걱정이었으니 하고 싶은 공부는 언감생심 꿈도 꾸기 어려웠습니다. 혹시 저분께 나처럼 공부할 기회가 주어졌다면 어떻게 되었을까 하는 안타까운 마음을 품게 하는 분들이 많습니다.

이 책의 저자이자 저의 이모님이신 모라니 김정자 여사가 딱 그런 분입니다. 손에서 책을 놓지 않고, 항상 메모하고 탐구하며, 전시회를 열 정도로 그림에도 조예가 깊으십니다. 자기 관리마저 철저하셔서 80대 후반에도 건강을 잘 유지하고 계십니다.

김정자 여사는 오래 전부터 여수 돌산 지역 사투리에 관심을 가지고 자료를 모아 2022년에 『전라남도 여수·돌산지역 사투리』를 자비로 출간하셨습니다. 이 지역 사투리를 망라하여 표준어로 풀어 쓴 사투리 모음집입니다. 이번에 이 자료집을 더 보완한 『여숫말은 개미지다』를 출간하여 여수 관내 중고등학교와 시립 도서관에 기증하시려고 합니다.

　사투리는 지역 문화의 상징이자 보고입니다. 저희 세대만 해도 지역 사투리를 조금은 알고 있지만 표준어에 주로 노출되어 그리 익숙하지는 않습니다. 저희 부모님 세대가 돌아가시면 사투리에 담긴 지역 문화 역시 사라질 위기에 처해 있는 셈입니다.

　중앙이나 지역의 어떤 학자도 하지 못한 일을 저의 이모님 김정자 여사께서 훌륭히 완수하셔서 참 자랑스럽습니다. 이번 이 책의 보급으로 인해 여수 돌산 지역의 사투리가 더욱 잘 보존되고, 더 많은 사람이 지역 문화에 관심을 가지게 되길 바랍니다.

비문헐랍띵깨![1]

김다노

아동청소년 작가

  '비렁길'에 오르기 위해 금오도에 갔습니다. '비렁'은 '벼랑'을 뜻하는 여수 말이지요. 만약 금오도를 둘러싸고 있는 길 이름이 '비렁'이 아닌 '벼랑'이었다면 가지 않았을 겁니다. '비렁'에 비해 '벼랑'은 마냥 위험하고 아슬아슬할 것만 같은 느낌이거든요. 직접 간 비렁길에서 저는 뱀도 보고, 개구리도 만나고, 무엇보다 끝없이 넓게 펼쳐진 바다를 보았습니다.

---

1) 비문헐랍띵깨: 어련하겠습니까, 좋은 것이 확실합니다.

비렁길에서 내려와 금오도를 나와 서울로 돌아온 저는 여수가 배경인 동화를 쓰기 시작했습니다. 그때 모라니 김정자 선생님의 첫 책, 『전라남도 여수·돌산지역 사투리』를 참고했어요. 모라니 선생님은 제가 쓴 어설픈 여수 말을 직접 한 자 한 자 고쳐 주시기까지 했습니다. 그제야 제 동화에 생명력이 불어넣어졌지요.

언어에는 힘이 있습니다. 내 안에 있는 다양하고 모호한 것들을 분명하고 단단하게 표현할 수 있게 하거든요. 그러나 과연 서울말을 원칙으로 한 표준어만이 이런 기능을 더 명확하고 수월하게 행할 수 있는 걸까요? 저는 그렇게 생각하지 않습니다.

한 지역의 말에는 공간과 시간의 역사가 있습니다. 그 말을 사용하며 굽이굽이 전수해 온 사람들의 삶과 경험, 정서가 녹아 있고요. 그 말들이 단지 표준어가 아니라는 이유만으로 과거의 추억거리로 사라진다는 건 안타까운 일입니다.

　평생을 여수에서 살아오신 모라니 김정자 선생님께서는 여수 말에 애틋함을 담아『전라남도 여수·돌산지역 사투리』를 출간하셨을 겁니다. 직접 쓰고 제작하여 배송까지 도맡아 하시던 소중한 책이 개정 증보판『여숫말은 개미지다』로 더욱 풍성해져 돌아왔다니 반갑고 감사합니다.

　언어적, 문학적, 역사적으로 의의가 깊은 데다 여수 말을 보존하고 전승하고자 하는 모라니 선생님의 귀한 마음이 담긴 이 책이 널리 알려지고 읽히길 진심으로 응원하고 바라는 마음을 담아 올립니다.

　『여숫말은 개미지다』, 비문헐랍띵깨!

차 례

머리말

향수와 향기가 있는 말, 사투리 / 4

『여숫말은 개미지다』에 올리는 글 / 8

추천의 글

사멸 위기의 언어를 지키는 위대한 어머니
  - 전성태 / 10

우리 이모의 열정이 보존한 고향의 말
  - 심재훈 / 14

비문헐랍띵깨!
  - 김다노 / 17

여숫말은 개미지다

-전라남도 여수·돌산지역 사투리

가 / 23

나 / 51

다 / 62

마 / 81

바 / 96

사 / 115

아 / 137

자 / 167

차 / 191

카 / 195

타 / 197

파 / 200

하 / 204

부록

부록 1. 속담, 관용어 / 217

부록 2. 전래 민요 - 나무타령 / 260

부록 3. 웃음의 표현 / 270

부록 4. 통증의 표현 / 271

부록 5. 맛에 대한 표현 / 273

부록 6. 잠의 종류 / 274

부록 7. 옹기, 질그릇 이름 / 275

부록 8. 전래 민요 여숫말 풀이 / 277

돌산공원과 오동도 사이를 왕복 운행하고 있는 해상 케이블카. 바다
위를 가로지르면서 한려수도의 절경을 한눈에 내려다볼 수 있어서 또
하나의 여수를 상징하는 상징물이 되었다.

<table>
<tr><td><h1>가</h1></td><td><h1>여숫말은 개미지다</h1>
전라남도 여수·돌산지역 사투리</td></tr>
</table>

가:가   그 아이가. 그 애가

가걸   혼인으로 맺어진 친척 관계. 인척. 외가와 처가의
　　　혈족

가고잡어서   가고 싶어서

가구짤네   갈 곳 안 갈 곳을 못 가리는 진중하지 못한 사람

가근방에   그 근처에. 그 주위에

가끈이   친절하게

가남대기가   헤아려서 짐작하는 마음이

가다:부렀다   가둬 버렸다

가:들이   그 애들이

가랑니   서캐에서 나온 지 얼마 안 된 새끼 이

가래가 들어싸:서   자꾸 걸리적거리는 게 있어서

가래나무   떨어진 마른 솔잎

가랭이 / 가랑탱이   가랑이

가리지기   가로지기(바느질할 때 천을 세로로 길게 써야

할 부분에 가로로 쓰는 것)

가:매 타고　가마 타고

가물치 콧구멍　아주 작다는 비유

가봉께　가 보니까

가부리꺼나　가 버릴까 보다

가부링께　가 버리니까

가뿌렀다　가 버렸다

가세표　가위표

가시개　가위

가시라　헹궈라

가실　가을

가실헌다　추수한다. 가을걷이한다

가심　가슴

가심 사납게　마음 안 편하게

가심이 피:서　걱정이 돼서

가이내 / 가시내　계집아이

가이다잉　가시오예

가지 가깨미　가지고 갈까 봐

가:지랑을 떨고　가식적으로 얌전을 빼고

가지방:해야　비슷해야

가진새　마름하지 않은 천의 갓 부분

가짐　개짐. 옛날 여성들이 월경 때 쓰던 천(천을 접어서
　　　몇 개씩 만들어 놓고, 사용 후 빨아서 계속 사용)

가팔라서　경사져서

가패　받고 갚아야 할 것을 서로 해결하는 것

가패했다　계산이 끝났다

각단지게　차근차근 빠짐없이. 제각각

각따다묵기　개인별로 하는 놀이. 각각 자기 몫 챙기기

각중에　별안간

간간:허다　싱겁지 않다

간나구　간나위. 간사스러운 사람

간땡이　간

간주러니　가지런히

간주름:허니　가지런하게

간지락질　간질이는 짓

간짓대　길다란 대막대기

갇어딜이서　거두어들여서

갇어지고　지워지고

갈갈허다　괄괄하다. 성질이 급하고 과격하다

갈구생이　갯지렁이

갈금:갈금　조금씩 조금씩

갈:라고　가려고

갈:라다가　가려고 하다가

갈라묵자　나눠 먹자

갈라서　나누어서

갈라서서　헤어져서

갈라섰다　이혼했다

갈람허게　약아빠지게

갈래붙었다　교미한다

갈:룽피우다　잘난 척한다

갈미했다가　보관했다가

갈바서　상대를 해서

갈아주시오　(내 물건을) 사 주세요

갈챙이　삐쩍 마른 사람

갈:트라서　두 쪽으로 갈라서

갈:포래　넓적한 센 파래

갈피로 못 잡고　내용을 알지 못하고

감푸다　행동이 거칠다

갓:에　가에

갔인께　갔으니까

강냉이　옥수수

강생이　강아지

개거붕깨　가벼우니까

개겁다　가볍다

개기　생선

개기삐늘　생선 비늘

개깡시러버라　별스러워라

개껏 바구리　바닷가에서 조개, 해초 등을 담는 바구니

개:꽃　철쭉

개덕을 못해서　생각이 안 나서

개덕이　기억이

개:떡　밀가루로 만든 떡

개:똥불　반딧불

개라가꼬　가려 가지고

개라주라　(안 보이게) 가려 달라

개러가꼬　골라 가지고

개리내라　골라내라

개리묵어라　골라 먹어라

개멍찮게　깔끔하지 못하게

개미　감칠맛. 입에 당기는 맛. 사람의 마음을 당기는 힘

개미똑 / 개미똥　감꽃

개미지다　감칠맛이 있다. 오묘하면서도 특별한 맛이 있
다. 사람의 마음을 당기는 힘이 있다

개:방구　소름

개:안허다　개운하다. 시원하다. 깨끗하다

개양안　밀물 때는 바닷물이 차 있고 썰물 때는 물이 빠
지는 곳 주위에 둑을 싸서 태풍이 오면 배들을
안전하게 매어 두는 곳

개와쭈미　호주머니

개:우　겨우

개적잖게　깨끗하지 않게

개적잖은께　깔끔하지 못하니까

개죽어서　가까워서

개죽은께　가까우니까

개죽은디로　가까운 데로

개:짓머리　감기

개:탁을　투정을

개:패대끼　개 패듯이. 짐승 다루듯이

갠찮으꺼나　괜찮을까

갤차서　가르쳐서

갤차조라　가르쳐 주어라

갤차주꺼이지　가르쳐 줄 것이지

갤침시롱　가르치면서

갯것　바다에서 채취할 수 있는 모든 먹거리

갱물　바닷물

갱본　강변. 섬 사람들은 바닷가를 지칭하는 말로 씀.

갱비리　깽비리. 하잘것없는 사람을 얕잡아 이르는 말

갱핀　개평

거그까장　거기까지

거그에　거기에

거다서　돌보아서. 도와줘서

거들먹끼리고　거드름을 피우고

거:듬시롱　거들면서. 거들어 주면서

거뚱거뚱　대충대충. 대강대강

거뚱기리고 침착하지 못하게 서두르고

거럭때기가 덩치가

거무 거미

거방져서 (아래쪽이) 가팔라서

거:섶을 거친 채소 건더기를

거:시렝이 지렁이

거울라져서 엎어져서. 짝짜꿍이 돼서. 가깝게 지내는 모
습을 못마땅하게 생각할 때 이렇게 표현한
다.

거:지꼴로 거지 행색으로

거지반 거의

거:짓갈로 거짓말로

거:천을 모시기를

건개 건건이. 반찬

건그레 건더기

건: 밭에 상춧대 필요 없는 물건이 좋은 곳에 있을 때 하
는 말

건불 마른 풀. 마른 나뭇잎들

걸거치싼께 / 걸리적끼린께 자꾸 걸리적거리니까. 방해가

되니까

걸:게 골고루

걸구가 들린 것 맹키로 걸귀가 들린 듯이 지나치게 음식
탐을 하는 사람을 두고 하는 말

걸:리로 태도를. 행동을

걸:리로 바라 동태를 살펴라

걸음사 걷지도 못하면서

걸치고 매무새는 생각하지 못하고 급하게 옷을 입고

걸키고 걸어가게 하고

걸:트라앉었다 걸터앉았다

검부적 검불. 짚 부스러기

겁찜에 엉겁결에

것떠닝기고 (귀찮은 일이나 물건을) 떠넘기고

겉응께 같으니까

게:탁 투정

겡장허다 굉장하다

고: 그렇지

고구매 / 감자 고구마

고대:고대 차근차근

고등에　고등어

고록　꼴뚜기

고:망쥐맹키로　여기저기 기웃거리고 다니면서 생쥐같이

　　　　　　먹을 것만 챙기고

고부로　고비를

고시랑기린다　구시렁거린다

고시레:　고수레

고실고실　고슬고슬

고:자구가 나게　다 헐어지게

고투고　고생하며 견디고

곡구로　곡기를

곤치봐라　고쳐보아라

곤치지꺼이냐　고칠 수 있을 것이냐

골고리　골고루. 고루고루

골때가리가 나서　화가 나서

골때기가　화가. 부아가

골:무삵　골목

골미　골무(옛날 손바느질 많이 할 때 바늘 쥔 검지 끝에

　　　　끼던 도구)

곰말   고의춤. 허리춤

곰뱅이 성헐 때   다리가 성할 때

곰살맞게   상냥스럽게

곰:팽이   곰팡이

곱패   글피(모레 다음 날)

공가갖고   겨누어서

공:곳   종기

공구고   겨누고. 눈여겨보고

공투새   잘 해준 후 생색을 내어 들먹거리는 것

과:라   고아라. 오래 끓여라

괴 / 괴대기 / 괭이   고양이

괴기   고기. 생선

굉일   일요일

구녕   구멍

구더리   구더기

구덕   구덩이

구:랑산 겉다   너무나 간절하게 바라는 것을 말 못하고 가
                   슴에만 깊이 묻어둔 속마음 같다

구머니   집 안에만 있는 사람

구시렁기링께 구시렁거리니까

구시서 / 구시뿌리고 굳어서. 굳어 버리고

구:신 귀신

구신께 굳으니까

구쩍시럽게 별스럽게. 느닷없이

구치다 / 구치뿌리고 망치다. 못 쓰게 해 버리고

군담 군소리. 쓸데없는 말

군:둥내 군내. 음식이 변질되면서 나는 냄새

군디 / 군두 그네

굴레씨염 구레나룻

굼:떠서 행동이 느려서

굼:지푸다 깊은 맛이 있다, 맛이 깊다

궁구라댕기고 굴러다니고

궁그린다 구르다

궁글태 굴렁쇠

궁:딩이 궁둥이. 엉덩이

궁장너린소리 통큰소리

귀비개 / 귀베기 절편이나 증편 등의 맨 마지막 토막

그거이나따나 그것이나마

그것할라　그것까지

그것할차　그것까지도. 그것조차

그곱패　그글피(글피 다음날)

그그따가　거기다가

그그지께　그끄저께. 그끄제. 그저께의 전 날

그나저나　그러나저러나

그냥:저냥　그런대로

그대입잖해　심하지 않아

그따구　그따위

그따구로　그따위로

그래논께　그렇게 해 놓으니까

그래비부리고　지워 버리고

그래쌍께　자주 그렇게 하니까. 너무 그러니까. 많이 그

　　　　　렇게 하니까

그래쌓고　그렇게까지 하고

그랬는갑다　그리 했는가 보다

그랬든갑서　그랬던가 봐. 그리 했던가 봐

그러그덩　그러거든

그러글래　그렇게 하기에

그러깜맹이   그럴까 봐서

그러꺼이다   그럴 것이다

그러드람서   그렇게 하더라면서

그러이다   그렇게 하시오

그러장깨   그렇게 하려고 하니까

그럭   그릇

그런갑네잉   그런가 보네요

그런개비지   그런가 보지

그런것맹키드라   그렇게 하는 것 같더라

그런것맹키로   그런 것 같이

그런당깨   그렇다니까

그런디 / 근디   그런데

그런 땀새   그렇기 때문에

그런 볼로   그런다고. 그렇게 했기로

그런 삣대소리로   그와 비슷한 말을

그럴깝새   그렇게 할지라도

그럴라먼   그렇게 하려거든

그럴랍디요   그렇게 할 수 있겠습니까. 그렇게 할 수는
　　　　　　　　　없지요

그럼시롱 / 그럼서 그러면서

그렁개비여 그런가 봐

그렁깨 그러니까

그렇탄께로 그렇다니까

그렇탐서 그렇다면서

그리 그렇게

그발로 거기쯤으로

그보동 그것보다

그 빙이 도:져서 그 병이 재발해서

그 어름에 와서 그 부근에 와서. 그때쯤 와서

그 요대로 그 양대로. 그 모양대로

그작:저작 그저 그렇게. 그럭저럭

그재까장 지금까지

그 조대에 그 무렵에

그지께 그저께. 그제. 어제의 전 날

그 지서리로 / 그 지꺼리로 그 짓을. 그 못된 짓을

그참에는 / 그작에는 그때에는

근은이 좋아서 금슬이 좋아서

근천을 떨:고 가난한 티를 내고

근치라　그쳐라

글안해도　그렇지 않아도

금들큰:허다　달짝지근하다

금매　글쎄. 그러게

긍깨 / 긍깨로　그러니까

기:　게(먹는)

기:가도　기어가도

기가 송신해서　너무 시끄러워서

기걸을　훈계를. 충고를

기구망상해서　볼썽사나워서

기김기김허다　싱겁고 아무 맛도 없다

기님을 허고　좋지 않은 말을 하고. 못마땅하다는 말을 하
　　　　　고

기:다　맞다

기(귀):덕이 없다　귀염성이 없다

기때기　귀의 속된 표현

기똥차게　놀랍게. 기막히게

기:뚝　굴뚝

기뚤게미　귀뚜라미

38

기루바서 그리워서

기리고 그리고

기림을 그림을

기먹쟁이 귀머거리

기멍통 그릇을 씻을 때 쓰는 용기. 설거지통. 판자 조각
을 둥글게 이어 붙여 만든 그릇

기명물 설거지물

기:미 입맛. 구미

기:버끔 게거품

기시고 우기고. 사실을 숨기고

기신 기운. 힘

기신대로 힘껏

기여:니 기어이

기영머리 귀밑머리

기울 거울

기자뿌라졌지 가만히 있지(못마땅하거나 미울 때)

기정떡 증편

기찹어서 가난해서

기창 귀지

긴맥 / 김맥　흔적

긴맥도 없다　흔적도 없다

김샌　김씨

깃구멍이 멕힜냐　귀가 먹었냐

깅각간에　경각간에. 순식간에

깅기고　굵기고

깅:대　경대

깅두름을 허고　서울말을 하고

깅심　경심. 낚싯줄

깅찰에　경찰에

까:깝허다　답답하다

까깨　유난히

까깨비도　유난히도. 별스럽게도

까끔　산

까끔 말리로 갔다　(나무꾼들이 와서 나무를 베어 가지 못
하게) 산을 지키러 갔다

까대기(헛깐)　처마 모퉁이에 잇대서 늘여 지은 칸

까:드락씨럽다　까다롭다. 까탈스럽다

까락지　가락지

까란졌다　가라앉았다

까마구　까마귀

까무깨　주근깨

까무냐서　깎아내려서

까묵고　(재산 등을) 없애고

까묵어라　(삶은 콩 등을) 까서 먹어라

까묵어부리고　깜빡 잊어버리고

까받치라　일러바쳐라

까배지다　나른해지다

까불러서　키질(키에 곡식을 담아 불순물을 키 끝으로 보
내서 날려 버리는 일)을 해서

까시　가시

까시라버서　까다로워서

까시락　벼나 보리 이삭에 붙은 수염

까시락지　가시랭이. 가시의 부스러기

까시래기 / 가끄래기　가시랭이. 벼나 보리의 수염이나 그
가시 부스러기

까자　과자

까지붕팅이　못생긴 가지. 뭉툭한 모양

까지붕팅이맹키다　작은 키에 항아리형 체형을 가진 사람
을 이르는 말

까지색　가지색. 보라색

까탈을 부리냐　까다롭게 구느냐

깍쪄서　가팔라서

깐난이　갓 낳은 아기

깐딱했이먼　하마터면

깐밥 / 누른밥　누룽지

깐:치　까치

깔　꼴. 소먹이풀

깔끄막　가파른 길. 오르막길

깔담사리　꼴을 베려고 들인 애머슴

깔딱요구라도　양이 차지 않는 요기라도

깔:린다　남자애들이 오줌을 멀리 내질러 싼다

깔마까지 / 딘:둥이　달팽이

깔진　옛날 갓바치가 만든 가죽신. 남자용, 여자용이 있
고 흰색(베이지색), 검정색이 있었다.

깔치　갈치

깔쿠 / 깔키　갈퀴

깝딱 / 깝때기 껍데기. 옷이 옷 같지 않고 허접할 때. 또
는 그렇게 입은 것이 못마땅할 때

깝찌고 재촉을 하고

깝찌싼깨로 자꾸 재촉을 하니까

깡깡해서 단단해서

깡냉이 옥수수

깡아리 마음에 생긴 웅어리. 식물 줄기 속의 질긴 부분

깨고락지 개구리

깨금쫓기 / 깨금박질 외발뛰기

깨:끔허게 깨끗하게

깨:미 개미

깨미가 미: 나리듯 개미들이 몸뚱이보다 큰 짐을 나르듯
이. 개미가 메어(물어) 나르듯이

깨배라 깨워라

깨복쟁이 친구 어렸을 적 친구. 아랫도리도 안 입었을 때
부터 놀던 친구

깨작끼리고 하기 싫은 걸 하는 태도

깨죽다 가깝다

깨춤추다 장소나 상황에 안 어울리게 신바람이 난 모습

깨 폴로 갔네   죽었네. 죽었다는 말

깩씹고   곱씹고. 자꾸 들먹이고

깽기다   감기다. 머리를 물에 씻기다

깽매기 / 깽맹이   꽹과리

깽이 / 꽹이   괭이

꺼꾸리   거꾸로

꺼끄라분 사람   사이가 안 좋은 사람

꺼들배긴께   까불거리니까

꺼:리고   싫어하고

꺼먼 들깨까리   검은 들깻가루

꺼멍색   검정색

껄떡끼리드라   먹는 것을 밝히더라

껄떡박수   껄떡거리는 사람. 음식 욕심이 많은 사람

껄쩍지근:허다   개운하지 않다

껍때기   껍질

껏신허먼   걸핏하면

꼬나서   겨누어서

꼬들빼기   고들빼기

꼬라박어서   헛짓으로 손해를 봐서

꼬라지　좋지 않은 성질

꼬라지　사람의 차림새가 좋게 보이지 않을 때

꼬라지로　꼬락서니로. 모양새로

꼬랑 / 또랑　도랑. 좁은 냇물

꼬랑댕이　꼬리

꼬막　고막

꼬부닥을　꼼짝을

꼬수붕깨로　고소하니까

꼬순 내가　고소한 냄새가

꼬숩다　고소하다

꼬시래기 / 꼬시락쟁이　고수머리

꼬쟁이　꼬챙이

꼬치　고추

꼬치까리　고춧가루

꼬타리　꼬투리. 실마리

꼬트작끼리면　까탈을 부리면

꼭깽이　곡괭이

꼰지꼰지 / 꼰지뱅이　아기를 손바닥에 세우고 어르면서

'꼰지 꼰지야, 꼰지야'라고 노랫조

로 읊조린다.

꼰지발 까치발

꼴 꼬락서니

꼴가지 골마지. 음식이 변질되면서 윗부분에 생긴 불순
물

꼴싼다구 미운 사람의 얼굴을 지칭할 때

꼴쌔 사람 모습. 마음에 안 들 때

꼴창 골짜기

꼼냉이 꼼꼼한 사람

꼼보 곰보. 얼굴이 얽은 사람

꼼재기고 난깨 움직이고 나니까

꼼짝 깜짝

꼽빡쳐서 머리가 먼저 땅에 부딪혀 거꾸로 처박혀서

꼽사 / 꼽새 곱추

꼽씹어쌓는다 자꾸만 뇌까린다

꼿:대 / 도굿대 절굿공이

꽁 꿩

꽁똘내키 공기받기

꽁알 꿩알

46

꽃봉다리 / 꽃숭어리　꽃봉오리

꽈절　과자. 유밀과. 밀가루나 쌀가루를 반죽하여 여러 모양으로 만들어서 또는 말려서 기름에 튀겨 꿀이나 조청을 바르고 고명을 뿌리거나 묻혀서 맛을 내는 조과(유과, 약과 등)

꽝실:허다　무명, 모시, 삼베 등을 쌀풀을 먹여 말린 후 다림질을 하여 빳빳한 상태를 말함.

꾀이서　꼬여서

꾸그리고　구부리고

꾸:라　구워라

꾸린내　구린 냄새

꾸석떼기에　구석에(구석에 둔 것을 마땅치 않게 생각할 때)

꾸:쌂어라　구슬려라. 우리 편으로 만들어라

꾸재기져서　구겨져서

꾸정물　구정물

꾸정키리고　물을 흐리게 하고

꾹:돌이　남의 말을 듣지 않고 주위를 살필 줄 모르는 사람

꿀 굴

꿀찜:허다 출출하다. 배가 고프다

뀌민다 꾸민다. 단장한다. 주로 결혼식 전에 신부를 단장
할 때

끄나발 기다란 끈. 끄나풀

끄:내바라 꺼내 보아라

끄니마동 끼니 때마다

끄래져서 한쪽이 깨져서

끄렁끄렁 연이어

끄:봐라 끌어 보아라

끄시가내:라 끌어내라

끄시럼 그을음

끄식어라 끌어라

끄식히서 끌려서

끄실라서 / 끄실러서 그을려서. 살짝 태운 듯이

끄:올리라 끌어올려라

끄터리에 끝에

끈타발 몇 가닥으로 된 끈

끈:허니 계속해서. 지속적으로

48

끌삑　순간 숨이 막혀

끌텅　밑둥. 근본

끌텅이 짱짱해야　근본이 실해야

끕끕허다 / 끄:끕허다　습하다

끼꿀짜근해서　꺼림직해서

끼대와서　몰려와서(못마땅할 때)

끼:라　꿰어라

끼리라　끓여라

끼실어 올라서　아래 찬 기운이 위에까지 올라와서

끼울라서　게을러서

끼울박수　게으름뱅이

여수 자산공원에서 바라본 엑스포 박람회장. 2012년 여름, 여수 시민
은 물론 전 국민을 뜨겁게 달아오르게 했던 세계 박람회의 추억이 아
직도 선명하다.

나

여숫말은 개미지다
전라남도 여수·돌산지역 사투리

나까장은　내 생각으로는

나나 묵었다　나누어 먹었다

나대고　서두르고

나댕기고　밖에 나다니고

나더리　얼굴. 낯

나:도라　놔두어라

나:라　놓아라

나락　벼. 벼 모개를 낱알로 훑어 놓은 것

나락 비고　벼 베고

나락비늘　볏단을 쌓아 올린 것. 볏가리. 낟가리

나로 쇡이고　나를 속이고

나리지근:해서　나른해서. 피곤해서

나릿배　나룻배

나맹키로　나처럼. 내가 하는 것과 같이. 나와 같은 모양
　　　　으로.

나무팬다　땔나무 쪼갠다

나미 / 남　윗사람이 아랫사람에게 누구네 아빠라고 부를
때 '누구네 나미(남)'라고 말한다. 주로 거문도
지역에서 사용함

나발초　해조류, 색은 미역과 비슷한데 미역보다 덜 부드
럽고 아주 짤막짤막하다. 가사리 국을 끓일 때
조금씩 같이 넣고 끓인다.

나보통　나부터

나생이　냉이

나시 해라　많이 해라

나시꺼잉가　나을 것인가

나울이 시:서　물결이 거칠어서

나이 지지근:해서　나이가 좀 들어서. 나이가 듬직해서

나자빠져서　넘어져서

나잘 반:을　한나절하고 반나절을 더(반나절은 하루 낮의
반). 별일 아닌 것을 오래 붙들고 있을 때

나:조:라　놓아 주어라

낙낙:허게　넉넉하게

낙자　낙지

난닝구   러닝셔츠

난들난들허다   부드럽다. 알맞게 삶아진 국수 가락 등을
표현할 때 쓰는 말

난생 첨이다   태어나서 처음이다

난시밭에   남새밭에. 텃밭에

난양대로   마음대로. 하고 싶은 대로

날: 나를

날개   이엉(짚으로 엮은, 초가지붕을 덮는 것)

날날:허다   나란하다

날래   얼른

날래드라   빠르더라

날로 묵을라고   날것으로 먹으려고. 급하게 먹으려고. 남
의 물건을 거저 차지하려고

날쌍:허니   무르고 부드럽게

날:이나   나흘이나

날이날마동   매일매일

날포리   하루살이

남새거리   채소 종류

남지기 / 남치기   나머지

납떠서　부지런히 노력해서

낫낫허다　상냥하다

낫:다　좋다

낭구　나무

낭창낭창　가늘게 늘어진 모양

낯바닥　얼굴. 미울 때. 속된 말

낯빡살을 주고　면박을 주고. 무안을 주고

내　냄새

내　연기

내금새　안 좋은 냄새

내:꼴시러버라　아니꼬워라

내:꼴시럽다　아니꼽다

내:나　노상

내:동　하던 대로

내라버서　마려워서

내라서　(위에 있는 것을) 내려서

내러서　(차에서) 내려서

내리닫이　바지와 저고리가 한데 붙어있고 엉덩이께가
　　　　　터진 어린아이의 옷

내리보고　얕잡아 보고

내맹:초당허고　아무 생각 없이 한가하게

내:부리고　안 좋은 성질을 내보이고

내:불다 / 내:뿌렀다　내다 버렸다

내:비나또라　내버려두어라

내:빼고　도망가고

내전시러버라　서두르지 않는 모습

내정머리　좋지 못한 성질

내정머리사납게　성질 사납게

내:질러　주먹을 쥐고 팔을 쑥(쭉) 뻗어

내질러서　상대의 말을 전혀 듣지 않고 더 말을 못하게
　　　　　　악을 쓰며 말을 해서

내:창　내내. 여태까지

내:치주드냐　거슬러 주더냐

내치준돈　거스름돈

낼:　내일

낼: 아적에　내일 아침에

낼차부렀다　떨어뜨렸다

낼차부린께　떨어뜨려 버리니까

낼추다 떨구다

냅:뚜고 내버려두고

냇꼬랑에 시냇물에

냉가놓고 남겨 놓고

냉갈이 연기가

냉기노까 남겨 놓을까

냉:차다 차갑다. 냉정하다

냠냠이탐 주전부리 탐하는 짓

냠냠헐 새가 심심할 사이가

너댓: 커리 네다섯 켤레

너덜밭 / 독자갈밭 자갈(자잘한 돌)이 많은 밭

너덜질 작은 돌이 많은 길

너럭바구 너럭바위. 방석바위

너럭지 넓적하고 얕은 옹기

너리다 넓다

너무새 나물류

너물 나물

너:새다리 긴 다리

너실너실 고실고실한 것보다 더 부드러운 상태

너이서 넷이서. 네 사람이

넉장거리로 허고 / 나자빠져서 네 활개를 벌리고 뒤로 벌렁 넘어지고. 볼썽사납게 넘어져서

널널:허다 넓디넓다

널러서 넓어서

널빤대기 나무판자

넘보대끼 형제 간의 사이가 안 좋아서 남 대하듯이

넘새시럽게 남부끄럽게

넘우앞이라 남의 첩이라

넘:쩌서 건방져서

넝끌 / 넝쿨 덩굴

넝넥이 넉넉히

노: 그렁깨 항상 그러니까

노대서 / 꼼재기서 노력해서. 움직여서

노대지로 못 허고 움직이지를 못하고

노래로 부리고 노래를 부르고

노래로 부리고 자꾸 졸라대고

노릿을 허고 노릇을 하고

노:망　치매

노:상해야　항상 해 봐도

노:신　로션

녹녹잖다　만만하지 않다

녹카라　녹여라

논고동　우렁이

논뚜덕 / 논뚜렁　논두렁. 논둑

놀:갑뜨라　행동이 가볍더라

놀미야:허다　노르스름하다

뇍이능거인디　녹이는 것인데. 녹여야 하는데

누데기　누더기

누:라　누워라

누:렇다　노랗다

누로　누구를

누룬밥　누룽지

눈가남　눈대중

눈 걸어빌씨고　눈여겨보고. 눈을 크게 뜨고. 두 손가락으
　　　　　　　　로 눈을 크게 벌리고

눈꼴시다　보기 안 좋다

눈꼽짜구   눈꼽

눈꼽짜구 넝끌 / 눈꼽째기 넝끌   담쟁이덩굴

눈뚜벌이   눈꺼풀이

눈매가 맵다   눈썰미가 있다

눈 붙이고   잠깐 자고

눈에 볼피싸서   눈앞에 아른거려서

눌:린다   누르다

눌:심이   잠이 많고 게으른 여자

뉘   파도

뉘가 씬께   파도가 세니까

느그들   너희들

느그땀새   너희들 때문에

느그 집이서   너네 집에서

느끈:허게   추근추근하게. 여유 있게

느미 / 늠   윗사람이 아랫사람에게 누구네 엄마라고 부를
　　　　　때 '누구네 느미(늠)'라고 말한다. 거문도 지역
　　　　　에서 사용하는 말

느자구   될성부른 태도. 늘품. 좋게 발전할 가능성

느자구없이   예의없이

느직:허니　느지막하니

늑늑장:배　튼실하고 건장한 장정

늑씰:늑씰　말을 해도 반응을 안 하는 모습

늘:가서　늘려 써져서. 양이 많은 것처럼 오래 써서

늘늘:허니 / 날날:허니　나란히

늘보초　될성부른 태도

늘보초없이　버릇없이

늘:해도　항상 해도

늣꿈을 조라　늦춰 주어라

능생이　능성어

능을 씨고　고집을 부리고

능장캐로 흘리고　엄청 힘들게 하고

능정능정허다　아주 지독하다

늦추름:허게　느지막하게

니끼:허다　느끼하다

니 덕에　너의 도움으로. 네 덕택으로

니땜시　너 때문에

니리놓고　늘어놓고. 어질러 놓고

니말짝시로　네 말마따나

니:미 너의 어머니. 네 어미(미워하는 마음으로)

니미룩내미룩 무슨 일을 서로 상대방에게 미룰 때

닌:장 젠장

닐이서 늘여서

닙히라 눕혀라

닝기다봉깨 넘겨다보니까

닝기라 넘겨라

닝기짚고 넘겨짚어서

여수시 거문도 부근 무인도의 노을. 하늘과 바다의 경계가 없이 온 세상을 빨갛게 물들인 해 지는 경관.

다갈 / 달구알　달걀

다과야　단단하게 다져야

다:까　닿을까

다디:다다 / 달디:달다　너무 달다

다랏이　다래끼가

다른 거잉께　다른 것이니까

다린디로　다른 곳으로

다무락　담벼락. 돌담

다문　너무나 지나치게

다:문　다만, 단지. 조금이나마

다문:다문　드문드문. 듬성듬성

다발을 지순다　다발을 만든다

다:뿍　많이. 가득

다:일라드냐　더 무슨 말을 하겠냐. 더 말할 것도 없이 당
연하다는 뜻

다:일랍디요   그러게 말이요

다: 쳐주고   다 계산해 주고

다: 허먼   다 하면

닦달을 해야   (사람을) 다그쳐야

닦달을 허고   (장소나 물건을) 깨끗이 단속을 하고

단세가 나서   천세가 나서. 물건이 많이 쓰여 귀해져서

달개라   달래라

달개했드마는   친절하게 대했더니만

달구새끼   닭

달디달다   아주 달다

달라들고   대들고

달라들어서   자진해서. 도와주려고 선뜻 나서서

달랑달랑   대롱대롱. 매달린 모습

달리라   달려라

달머리   달무리. 달 언저리에 둥글게 둘러진 구름 같은
테두리. 날이 흐려지고 비가 오기 전에 나타남.

달밤:달밤   한 발짝 한 발짝. 천천히. 느릿느릿

달보드름:허다   달짝지근하다. 달고 부드럽다. 조금 달다

달융개   달래

달짝찌근:허다 달콤하다

닭모새 닭 모이

담방담방 음식에 고명을 보기도 좋고 알맞게 띄운 모양

담:사리 애머슴

담숭:담숭 드문드문

닷새는 다시는

당가앉어라 다가앉아라

당골네 무당

당그래 고무래. 곡식 말리려고 펴서 널 때 쓰는 농구

당나구 당나귀

당:당: / 당아당아 아직도 아직도. 시간이나 장소가 아주
　　　　　　　　　　 많이 남아 있을 때 다 왔냐고 물으면
　　　　　　　　　　 '당~ 당~ 멀었다'라고 한다.

당석했다 벼슬했다(큰 잘못을 했을 때 비꼬아서)

당아도 멀었다 아직도 멀었다

대갈통 / 대그빡 머리를 속되게 표현하는 말

대꺼리 말상대

대나캐나 이거나 저거나. 도나 개나

대뜸 갑자기

대띠기로 다짜고짜

대러보자 만져보자

대:로 가자 대질하러 가자

대리:서 다림질해서

대리내:고 도려내고

대리니라고 다림질하느라고

대리비 다리미

대리서 (곰국 등을) 달여서

대린다 부대낀다. 소화가 안 되어서 불편하다.

대막가지 대나무 가지. 대나무 막대기

대:맹이 큰 구렁이

대비 도배

대왈 큰 대접. 큰 국그릇

대:차나 역시나

댄님 대님

댇기서 닫혀서

댈꺼인디 될 것인데

댐방 단박에

댐배꽁치 담배꽁초

댑:대　도리어

댕개비네　되는가 보네

댕기서 / 딩기서　담겨서

댕기오니라　다녀오너라

댕께　되니까

댕:댕 오니라　어서 어서 오너라

댕:댕허드라　아무렇지도 않더라

댕이다　다행이다

더두 오냐　늦게 오냐

더러분깨　더러우니까

더터보고　살펴보고

더터서　거쳐서. 들러서

덕대　체격

덕석　(짚으로 엮어 만든) 멍석

덦어라　뚜껑을 덮지 말고 뒤적거리면서 살짝 익혀라.

　　　　(매생이는 향이 날아가기 때문에 끓이면 안 되

　　　　고 덦어야 한다.)

던:저버라　어설퍼라

덛뜨러서　건드려서

덜밭　잔돌이 많은 밭

덤버지　주먹만 한 덩어리

덤태기　떠맡은 부담

덥빽　덥석

덧궂이선께로　입덧이 심하니까

도갓집　주조장

도구통 / 도구텅　절구통

도:구통 벌거지　배추벌레

도:굿대　절굿공이

도꾸 / 도치　도끼

도도록:허니　도톰하니

도독놈　도둑놈

도독놈까시　도깨비 바늘. 도깨비 가시

도:랑　근방. 집 주위

도랑수　대장

도:랑출입　근방 나들이

도랭이 도시듯　하기 싫어서 이리저리 피하는 모양새

도리방석　둥근 멍석

도리상　도리판　둥근상. 두레상

도매   도마

도목수   도편수. 우두머리 목수

도:부장사   도붓장수. 행상

도:살이   (식물 등이) 저절로 다시 살아난 것

도:삽을   변덕을

도:삽을 부리고 / 도:삽을 떨고   변덕을 부리고. 수선을 떨고

도:상   생김새가 똑같은

도:새   어차피. 결국

도신다   경망하게 행동한다. 까불다

도채비   도깨비

독때미   돌멩이

독새겉이   독사 같이. 성정이 매섭고 지독한 사람

독자갈밭   자잘한 돌밭

돈부 / 돔부   곡물. 팥과 비슷한데, 흰색에 팥색의 무늬가
　　　　　　　있다.

돋배기   돋보기

돋을 빝   돋을 볕. 처음 솟아오르는 햇볕

돌가지   도라지

돌까리   시멘트

68

돌라 갖고 / 돔바 갖고   훔쳐 가지고

돌리는 편   따돌림을 당하는 편

돌림소롱   돌리면서(따돌림 당하면서)

돌림소롱   뱅뱅 돌리면서

돌:머리가 싸서   자주 나돌아다녀서

돌뱅:허게 / 도리뱅:허게   동그스름하게, 둥그스름하게

돌쨍기   달랑게

돌:쪼구   돌쩌귀(문짝을 끼운 쇠)

돕지 / 저구리   저고리

돗:등개빈디   두었든가본데

동구리   대나무로 만든 뚜껑 있는 둥그스름한 바구니

동냥안치 / 동낭치   거지

동냥안치맹키로   거지같이

동돕지   겨울에 남자들이(주로 뱃사람들이 바다에 나갈
　　　　 때) 입는, 솜을 두껍게 넣은 엉덩이까지 내려오
　　　　 는 옷

동성 / 동숭   동생

동 오린 시금추   꽃대가 올라온 시금치

동우   동이

동:절없이 빈틈없이. 흐트러짐 없이

동태 / 둥글태 굴렁쇠

돼짓막 돼지우리

됑앳내 변질된 좋지 않은 냄새

되가니 될까?

되가웃이나 한 되가 좀 넘게. 한 되 하고도 반 되 정도
　　　　　　더 되게

되꺼잉께 될 것이니까

되배기장사 산 물건을 다른 상인한테 되파는 장수

되밴작을 이랬다저랬다 변덕을

되지 못헌 못된

된대로 곧이곧대로

두꺼이냐 둘 것이냐

두단니 옷을 맵시가 안 나게 입은 사람. 옷차림이 맵시
　　　　　가 나지 않는 사람

두덕 두둑. 이랑과 이랑 사이

두덕바지 누덕바지. 누덕누덕 기운 바지. 매우 낡은 바지

두데기 걸레

두떠미:고 둘러메고

두런두런 / 두룬두룬　들릴 듯 말 듯한 작은 소리. 알아듣
지 못하게 불평하는 소리

두루막 / 두루매기　두루마기

두룸박 / 두룽박　뒤웅박

두른기리고　불평을 하고

두말꼬래라　꼴찌에서 두 번째라

둔둠바리　볼품없이 옷을 많이 껴입은 사람

둘레둘레 / 뚤레뚤레　두리번 두리번

둠벙　웅덩이

둥구매런을　이리저리 궁리를

둥구지　말린 긴 풀을 겹겹이 엮어서 만든 옛날 우비

뒤로 종가봐라　미행을 해 봐라

뒤미로 모링깨　세정을 모르니까

뒤비놓께　뒤집어 놓으니까

뒤비라　뒤집어라

뒤비씨 입고　뒤집어 입고

뒤숭그라져서　부풀어 올라서

뒤씨나씽께　뒤집어 놨으니까

뒤씨라　뒤집어라

뒤씨씨고　주위가 다 알게 시끄럽게 하고. 수선을 떨고

뒤안　뒤꼍

뒷간 / 통시　변소. 화장실

뒷:갈미　뒤처리. 마무리

뒷:손이 없어　무슨 일이든지 하고 나서 마무리를 잘 안
　　　　　하는 사람에게 하는 말

드글드글했다　많이 있다

드냥을 허고　기세가 등등하고

드다리고　들어 올리고 내리고

드람　판자로 만든 높이 15~20cm 정도의 직사각형 목
　　　기. 가로, 세로의 크기는 다양하다

드래가 없어　기준이 없어

드시다　드세다. 성질이 세고 사납다

드재비　드잡이. 멱살잡이. 심하게 따지는 것

든반 밑에　(부엌) 선반 밑에

든타노:먼　비축해 두면

든타서　아껴 모아서

들게　두레

들그색이갖고　들춰내 가지고

들그식아내:서 들춰내어서

들기서 / 들기져서 (물방울을 의도치 않게) 흘려서

들까부리다 들까부르다. 볼썽사납게 까불다

들땅산을 치고 시끄럽게 수선을 떨며 들락거리고

들매기쌓드라 자꾸 그 얘기를 하더라

들박 두레박

들쌔기서 / 들치내:서 들추어내서. 찾아내서

들씨보고 열어 보고

들씸날씸 들숨날숨. 숨이 가쁜 모양

들쩍지근:허다 달짝지근하다. 단맛이 조금 있다

들쳐업고 서둘러 업고. 급하게 업고

들:치서 들이쳐서

듭뜽깨로 들뜨니까

듯바봐라 눈여겨봐라

등더리 등

등산난:리를 치고 큰 일이 난 것처럼 수선을 떨고

등지개 소매 없는 윗도리 속옷

디기디기했드라 여기저기 많이 있더라

디꼬 데리고

디꼬 오꺼인디   데리고 올 것인데. 데리고 올 걸

디꼭지   뒤통수

디:꼭찌가 이:뻐서   뒤통수가 예뻐서. (오래 머물지 않고
　　　　　　　　　　　빨리 가는 손님은 뒤통수가 예쁘다)

디러버라   더러워라

디:러버서   더러워서. 아니꼬워서

디룬다   드리운다. 곡식을 그릇에 담아 높이 들고 조금씩
　　　　　내리면서 바람결에 티를 제거하는 것

디리강지게   알뜰하게. 살림에 보탬이 되는 것은 뭐든지
　　　　　　　모아들이는 것을 말함.

디리다보고   들여다보고. 들러서 인사하고

디:져라   죽어라

디:져뿔고   죽어 버리고

디:치라   데쳐라

디키드라   들리더라

디킨다   들린다

디피라   데워라

딘:둥이   느림보. 달팽이

딘: 자리   데인 부위

74

딜다본께로 / 디리다 본께　들여다보니까. 가 보니까

딜다조라　데려다주어라

딜러부리고　버려 버리고

딜러불라　버려 버릴까 보다

딧고댕기고　데리고 다니고

따까리　딱지(종기)

따듬아서　다듬어서

따딤이똘　다듬잇돌

따:라　땋아라

따라져서　쏟아져서. 굵은 비가 많이 내려서

따:뿍　가득. 잔뜩

따순 굼턱으로　따뜻한 구석진 곳으로

따숩다　따뜻하다

따죽　자국. 자리

따진께　따지니까

딲어라　닦아라

딲어씨:고　호되게 나무라고

딸:　딸기

딸네미　딸아이

땀때기 땀띠

땁:뿍 가득

땅빨씸:허니 키는 작아도 다부진 모습

때깍수로 때맞춰서. 상황이나 시간에 딱 맞게

때꼬쟁이 왕 고집쟁이. 모두가 사정하고 달래고 해도 요
　　　　　지부동인 사람

때꼽짜구 몸의 때를 더 더럽게 표현한 말

때끼고 떼이고. 손해 보고

때:뚱 우뚝

때러 뿌식고 두들겨 부수고. 두드려 깨뜨리고

때:릿허고 의아해하고

때 어거서 때가 지나서. 때에 안 맞아서

때작끼리서 이랬다 저랬다 변덕을 부려서

때작:때작 이리 제치고 저리 제치고 하는 모양

땍빌나게 별나게. 특별하게

땍:쑹 에끼 이 사람. 흉한 말이나 도의에 맞지 않는 말을
　　　　들었을 때 그 말을 한 사람에게 하는 말

땐작끼리고 할 일 없이 왔다 갔다 하고

땔:롱해서 짧아서

땜:쟁이　땜장이. 구멍이 나서 못 쓰게 된 솥 등속을 때워 주는 사람. 표준어로서의 '땜쟁이'는 국어사전에서 '목 언저리에 생기는 부스럼이 곪아 터져서 목에 큰 흠이 생긴 사람을 놀림조로 이르는 말'이라고 정의하고 있지만, 여수 사투리로는 이렇게 전혀 다른 뜻으로 쓰였다.

땡:감　떫은 감

땡기는 것　당기는 것. 먹고 싶은 것

땡기다　당기다. 잡아당기다

땡기라　당겨라

땡기서　먹고 싶어서. 구미에 당겨서

땡깄이면　당겼으면

땡끼벌　땡벌

떠둥구치서　버릴 물건처럼 뭉쳐서. 하찮게 여겨서

떠리미　마지막으로 팔 물건

떠봉께　넌지시 물어보니까

떡떰버지　무른 떡이 붙어서 뭉쳐진 모양. 엉겨 붙은 모양

떡애기　갓난아기. 태어난 지 얼마 안 된 아기

떤지라　던져라

떨리서　떨려서

떨차뿌러씬깨　놓쳐 버렸으니까

떨차뿌렀다　놓쳐 버렸다

떨차서　놓쳐서

떱띠:덥다　매우 떱다

떼깍쟁이　지독한 깍쟁이

또바리　똬리

똑때기　똑똑히

똘:감　땡감. 떫은 감

똠박　토막

똣깝다　두껍다

똥 내랍다　똥 마렵다

똥시:러니　둥그스름하니

똥짤막:허다　땅딸막하다

뚜깨비　두꺼비

뚜두레기 / 뚜드럭　두드러기

뚜드라라　두드려라

뚜벙　뚜껑

뚜부 두부

뚤버라 뚫어라

뜨방:허다 뜨악하다. 내키지 않아 망설이다

뜬거리로 고정적이 아닌

뜬금없다 새삼스럽다. 느닷없다

뜰방 뜰. 대뜰. 토방

뜸배기 해조류. 톳과 비슷한데, 색은 좀 옅고 좀 더 두꺼
우면서 짤막짤막하다. 가사리 국을 끓일 때 가사
리만 끓이면 풀처럼 될 수 있기 때문에 뜸배기를
같이 넣어 끓인다.

띠기 달고나

띠:끈허다 해쓱하다

띠:놓고 떼어 놓고

띠:말기다 (맞붙은 싸움을) 떼어 말리다

띠:뿌리고 떼어 버리고

띠죽이 많아서 가솔이 많아서. 형제가 많아서

띵기라 던져라

여수 돌산읍 신복리 앞바다에서 만선의 희망을 안고 출어하는 권현망
어선. 여수·돌산 많은 사람들에게 바다는 삶이자 생활 그 자체이다.

여숫말은 개미지다
전라남도 여수·돌산지역 사투리

마:들어서　모여들어서

마뜩찮다 / 못뜩찮다　마땅치 않다. 개운하지 않다

마라부리고　그만두고

마시　마수

마치맞다　알맞다. 꼭 맞다

마트리　마투리. 계량해서 셈하고 남은 적은 양

막　마구

막묵을라고　거저 먹으려고. (어린 것이 감히) 맞상대하려고

만날 / 맨날　늘, 항상

만내뿌럿땅께　마주쳐 버렸다니까

만냇뜽갑네　만났던가 보네

말꼬잽이　마부

말:로만 부지　물건이 아닌 말로만 해서 부조를 때우는 사람

말리　마루

말리로 오니라 마루로 올라오너라

말리로 말리려고. 못 하게 하려고. 하지 마라 그러려고

말:부지 말을 좋게 해서 말로 도움이 되도록 하는 것

말을 씨피서 말을 하게 해서

말이시 말이네

맛내다 맛있다

맛뵈기 맛보기

맛타가지 / 맛테기가 없다 맛이 없다는 말을 강하게 표현

맛태기 맛이라고 할 수 없는 맛

망구탱이 할멈을 얕잡아 부르는 말

망나중에는 맨 끝에는. 마지막에는

망:동사니 / 망둥사니 남들은 안중에도 없이 주위를 전혀
의식하지 않고 분별없이 행동하는
사람

매: 매우. 단단히

매가리 맥

매가리가 없어서 기운이 없어서

매늘 마늘

매동구리 매듭

매두로 마디로

매:똥 묘. 산소

매라버서 마려워서

매버서 매워서

매:서 / 매어내고 뽑아서. 뽑아내고(잡초를)

매시랍다 솜씨가 깔끔하다

매:씩허다 핼쑥하다

매: 익었다 너무 익었다

매: 추붕깨 매우 추우니까

맥없이 아무 생각 없이. 할 일 없이.

맥질을 허고 보기 안 좋게 마구 많이 바르고

맥:찌 괜히

맥히서 막혀서

맨갈때기 맨몸뚱이. 알몸뚱이

맨갈때기로 맨몸으로

맨:날 매일

맨들어서 / 맨글어서 만들어서

맨맛:헝깨 만만하니까

맬정없는 상관없는

맵띠:맵다　너무 맵다

맵짜다　옹골차다. 매섭게 야무지다

맹　그럼

맹도리　모양새

맹맥골대가리　사람들과 어울리지 않고 남의 말도 듣지도
　　　　　않는 독불장군

맹:맥씨럽게 / 매맥씨럽게　매정스럽게

맹:상골로　완벽한 모양으로

맹이다 / 맹키다　같다

맽기서　맡겨서

머구리질　잠수부가 하는 일

머굿대　머위 잎 줄기

머꾼다　머문다. 멈춘다

머들이 있다　풀어지지 않은 작은 덩어리가 있다

머리간디 끝간디가 없이　정신없이 바쁜 상황

머리 깽기고　머리 감기고. 머리카락을 물로 씻기고

머심날　머슴 날. 종 날. 옛날 음력 2월 초하룻날에 농사
　　　　일을 시작하는 준비로 집안 대청소를 하고 송편
　　　　을 빚어 하인들에게 나이 수대로 나눠 주던 날

머심달래　민들레

머이것소　무엇이겠소

머이대　무엇이냐

머이등가　무엇이든지

머이매 / 머시매　사내아이

머저리　멍청이

먹동화　목단화. 모란꽃

먼:갑다　먼가 보다

먼:깨로　머니까

먼난새　무엇 때문에

먼: 내키　무슨 놀이

먼:눈 폴고　한눈팔고

먼:디로　먼 곳으로

먼일로　무슨 일로

먼: 일이다　먼 장래의 일이다

멀라고　뭐 하려고

멀크락　머리카락

멋까갖고　지체해서 준비하고

멋땀시　무엇 때문에

멋지드라   멋있더라

멍사도 모리고   내막도 모르고. 사정도 모르고

메때기   메뚜기

메물   메밀

멕인다 / 믹인다   먹인다

멩질날   명절날

모가지   목

모가치   못

모:개   모과

모:구   모기

모:구 띠끼고   모기한테 물리고

모다서 / 모닥기리서   모아서

모도 마:서   모두 모여서

모락씨럽게   매정하게

모름시롱   모르면서

모리깜맹이   모를까 봐

모리꺼인깨   모를 것이니까

모리먼   모르면

모린깨   모르니까

모릿대 / 용머리　용마루. 대들보

모방　집 한 쪽 가에 있는 방

모새　모래

모새　모이

모 숭구고　모 심고

모실　마을

모실댕기고　마실 다니고

모심 모심　묶음 묶음

모자로 씨고　모자를 쓰고

모지라져서　닳아서. 떨어져 나가서

모지락시럽게　모질게. 인정머리 없게

모:지랜다　모자란다

모:지랭이　좀 모자라는 사람. 어수룩한 사람

모지랭이　갓 부분에서 떼어 낸 조각

모타갖고　모아 갖고

모트고 모타서　모으고 모아서

모팅이　모퉁이

목간　목욕

목물　등물

목심이 목숨이

목엣돈 목돈

몬야 먼저

몬야께 이전에

몬제맹키로 저번처럼

몬제보통 이전부터

몬치조:라 만져 주어라

몰 모자반. 모자반과의 해조류

몰가시뿌리고 없애 버리고. 치워 버리고

몰강물로 맑은 물로

몰꼬개 / 밭나물 광대나물

몰라서 말라서

몰랑에 능선에. 등성이에. 맨 위에

몰랴서 말려서

몰:리 몰래

몰쌍:허게 말랑하게

몰아묵고 (밥을) 말아 먹고. 재산을 탕진하고

몰캉:허니 물렁하니

몰캥이 만만한 사람

몸띵이 몸. 몸뚱이

몸써리 소름

몸써리나게 지긋지긋하도록 싫증이 나게

몸치가 나서 몸살이 나서

몸푸가 체격이

못뜩허다 개운하다. 아주 좋다

못:뜩허지 개운하지

못씨겄다 못 쓰겠다

못씰사람 몹쓸 사람. 매정한 사람

못태 석쇠

못 허깨미 못 할까 봐

못 헝께 못 하니까

몽게:몽게 연기가 조금씩 올라오는 모양

몽그작:몽그작허고 머뭇머뭇하고

몽그작끼리고 머뭇거리고

몽낭구 몽둥이. 다듬지 않은 나뭇가지

몽당치매 일을 할 때 입는 짧은 치마

몽어리 / 몽오리 / 몽우리 멍울

몽:운 마취

몽창:허다 / 무끈:허다　무게감이 있다. 가볍지 않다

몽캉:허니　물렁하게

몿어서　실제로는 많지 않은 양이지만 많은 양처럼 오래 써서

뫼똥　무덤

무강　씨고구마

무강콩　여러 가지 색과 무늬가 있는 호랑이콩

무거리　체로 고운 가루를 내리고 체에 남은 것

무:거리　오래 된 물건

무거바서　무거워서

무담:씨　괜히. 공연히. 아무 상관없이

무뚝잖다　엉뚱하다

무르막음을　묻고 따지려고

무서리가 난다　소름이 끼친다. 지긋지긋하다

무서버서　무서워서

무시　무

무신　무슨

무심상:허다　무심하다. 신경을 안 쓰다

무싯날　장날이 아닌 날

무작씨럽께　무자비하게. 사정없이

무지랭이　무지렁이. 어리석고 무식한 사람

묵고 잡어서　먹고 싶어서

묵근:허다　무겁다. 묵직하다

묵도꾸　오래 버려둔 도끼. 꽉 막힌 사람

묵도리　먹보

묵때기　벼 낱알이 섞인 북데기

묵어라　먹어라

묵었잉께　먹었으니까

묵으꺼잉께　먹을 것이니까

묵은께　먹으니까

묵을라고　먹으려고

묵음소롱 / 묵음시롱　먹으면서

묵지근:허다　무겁다. 개운하지 않다

문애　문어

문지 / 몬지　먼지

물고업찌서　붙들고 집중해서

물꺼리가　시기가. 한창때가

물꼭질　물수제비

물또가지　물독

물색 생김새

물어주라고 배상해 달라고

물외 오이

물을 지기감서 물을 조금씩 부으면서

물질로 물 길러

물짠 것 좋지 않은 것. 보잘것없는 것

물찍:허다 약간 무르다. 물기가 많다

물팍 무릎

뭇뜨래기 모두가. 여러 사람이

뭉게뭉게 연기나 구름이 많이 피어오르는 모양

뭉그러지게 형체가 없어지게

뭉꺼라 묶어라

뭉팅이 뭉텅이. 덩어리

뭣땀새 무엇 때문에

미:기 메기

미기라 먹여라

미까서 메꿔서

미꾸다 / 미수다 메우다

미꾸람지 미꾸라지

미느리　며느리

미런팅이　미련한 사람

미리　당겨서. 이르게

미버서　미워서

미붕께　미우니까

미비때러서　모두 합해서

미얄시러버서　개구쟁이 짓을 해서

미얄시럽다　얄망스럽다. 별스런 짓을 잘 한다

미:웅치고　메어치고. 어깨 위로 휘둘러서 바닥에 내려치
고

미:져서　삐져나와서. 헐어서 밀려 나와서

미주　메주

미:쭉허다　미쭉하다(볼품없이 키가 큰)

미:추리　못난 사람. 못 생긴 것

미:트라뿌리고　밀쳐서 넘어뜨리고

믹:　미역

믹써리　멱서리. 짚으로 가마니보다 넓고 낮게 만들어 곡
식을 담던 큰 용기

믹인깨　먹이니까

믹인다　먹인다

민닢뽀치나　몇 닢어치나. 하찮다는 뜻

민들민들　민숭민숭

민:장네　면장 댁

믿었는갑다　믿었는가 보다

밀국시　칼국수

밀대　밀의 줄기

밀따구　멸치

밀:에 씰라고　명절에 쓰려고

밀찌울　밀겨(밀을 빻아 가루를 낼 때 나온 속껍질)

밍감나무　청미래덩굴

밍:꽃　목화

밍년　명년. 내년

밍밍:허다　밋밋하다. 맹맹하다

밍암　명함

밍:잣는다　물레질(목화솜으로 실을 뽑는 일)한다

밍절　명절

밍태　명태

및 끄니나　몇 끼니나

94

밎 조금이나　얼마 동안이나. 매월 음력 8일, 23일이 조금
　　　날.

밑알　둥우리에서만 달걀을 낳도록 길들이려고 둥우리에
　　　넣어 두는 알

지금은 사라진 경도 보리밭길. 1982년 그림을 그릴 당시만 해도 호젓
한 시골 보리밭길을 걸으며 낭만에 취했었는데 지금은 골프장이 들어
서서 추억 속의 길로 남고 말았다.

여숫말은 개미지다
전라남도 여수·돌산지역 사투리

바가치　바가지

바구　바위

바구리　바구니

바:기미　바구미. 오래 된 곡식에 생기는 곤충

바까라　바꿔라

바:내기　저박지 높이 절반쯤 되는 독 뚜껑 옹기

바람따지　바람결이 바로 닿는 곳

바람이 태:서　바람이 마주 닿아서

바래서　천을 더 희게 하려고 빨아서 햇볕에 널어 말려서

바:지게　발채

박석　계단

반글치놓고　일을 하다 말고

반:남어　절반도 더

반지끄럭　반짇고리

반쪼가리　반쪽

반타서   절반으로 나누어서

반:타작   원래의 양에서 절반으로 줄었을 때

반팽이   반편이. 모자란 사람

발꾸락   발가락

발디꽁치   발뒤꿈치

발따죽   발자국

발랴서   바르게 펴서

발류다   곧게 펴다

발모가지   발을 속되게 이르는 말

발싸심을   조바심을

발잰 사람이   발 빠른 사람이

발치   뒷목에 난 종기

발툽   발톱

밤질은 붓:는다   밤에 걷는 길은 더 멀게 느껴진다

밥대기   밥 해 주는 사람을 하대해서 부르는 말

밥 잠 재지라   밥 뜸 좀 들여라

방:구   방귀

방가갖고   겨냥해서

방구다   겨냥하다

방만이   방망이

방석바구   너럭바위

방실   주술적 예방

방안퉁새   방에만 있는 사람. 밖에 나가기 싫어하는 사람

방애   방아

방정맞다   경솔하다

방천 밑에   바닷물을 막아놓은 둑 밑에

밭등천   밭언덕

밭땡깔   밭땡깔나무에 열린 연두색 둥근 열매. 속을 파내
고 꽈리로 분다.

밭뙈기   작은 밭

밭뚜렁 / 밭뚜럭   밭 경계

배가태서   밖에서

배기조라   보여줘라

배긴다   보인다

배:라   배워라

배로 한 착 무:서   배를 한 척 만들어서

배:벌로   별 생각 없이

배삐 가자   빨리 가자

배삐배삐 가자   어서어서 가자

배작   가구를 놨을 때 기우는 쪽 밑에 받쳐 주는 것

배:지   배(복부). 미울 때

배통아지   배(신체). 미울 때 안 좋은 뜻으로

백여시 / 백여수 / 백여꾸   백여우. 흰 여우. 요사스러운 여
자를 이르는 말

백인깨   보이니까

백조구   백조기

백:지 왔다   괜히 왔다

백히다   박히다

밸라도   별스럽게도

밸:밸 깨이서   배배 꼬여서

뱁이   밥이

뱁이나묵고   밥이나 먹고

뱃구멍   배꼽

뱃머리   부두

버그러징께   부서지니까. 허물어지니까. 잘 되던 일이 어
그러지니까

버근이 찌:다 / 버금이 찌:다   물때가 끼다

버끔　거품

버리지기　버릇

버버리　벙어리

번:치갓꼬　번져 가지고

번:치서　번져서

번더져서　빈둥거리고 누워서

번두름:허니　보기만 좋게

번일이 나서　번열이 나서. 열이 나고 가슴이 답답한 중세
　　　　　　　가 일어나서

번폐시럽게　번거롭고 폐스럽게

벌거지　벌레

벌로 보다　허투루 보다. 예사로 보다

벌로 봤다　건성으로 봤다

벌:쌌다 / 벌:쐤다　벌에 쏘였다

벌씨놓고　벌려 놓고. 펴 놓고

벌:트라서　벌려서. 양쪽으로 쪼개서

벙치놓고　하던 일을 그대로 놔두고

벙침이　옷차림이 얌전하지 못한 사람

베뿌쟁이　질경이

벨:라도　유별나게

보　벌써

보거리로 채:고　화를 돋우고

보고자바서　보고 싶어서

보고자븐　보고 싶은

보:구로 채고　약을 올리고

보꺼잉께　볼 것이니까

보끈 죄라　바짝 조여라

보닥트라져서　기운 없이 늘어져서

보대끼서　부대껴서

보도씨 / 보로:씨 / 포도씨　겨우. 간신히

보동　보다

보드라버서　부드러워서

보들찌기　만만하게

보듬아서 / 보듬고　안아서 / 안고

보듬을깨비　껴안을까 봐

보디　바디(베틀 부속)

보디끼　보듯이

보따리　보자기

보랑께   보라니까

보리 까시락   보리 이삭 낟알 끝에 붙어 있는 가시

보리 마당   보리타작을 하는 공용 장소(넓은 장소)

보리고   바르고

보선 / 보신   버선

보슬보슬   보송보송. 부드러운 가루를 만지는 느낌

보채서   말 못하는 아기가 안 좋은 기색으로 성가시게 해
서

보초때가리 없이 / 보:탁머리 없이   버릇없이. 예의없이

보탕   땔나무를 쪼개는 장소

보:헌디   깨끗한데. 말끔한데

복성씨   복숭아뼈

복쟁이   복어

복찌깨   복개. 덮개. 밥그릇 뚜껑

본당깨   본다니까

볼   벌. 옷 한 벌과 같이 옷을 세는 단위

볼가내서   들춰내서

볼가묵어라   까먹어라

볼가지다   드러나다

볼갈트라내서　골라내서. (안 좋은 뜻으로) 왕따를 시켜서

볼강기리고　기웃거리고

볼근　밝은

볼글 때　밝을 때. 어두워지기 전에

볼금자구로 치고　자주 불쑥불쑥 나타나고

볼:깡　바짝

볼라라　발라라

볼란깨　보려고 하니까

볼바라　밟아라

볼:볼이　자꾸자꾸. 하고 또 하고

볼쌍　볼썽

볼:쌔　이전에. 한참 전에

볼:써께　저번에

볼써로　벌써

볼타가지　볼. 뺨(미울 때)

볼태기　볼

봇:눌어서　천천히 눌어서. 얇게 눌어서

봉깨로　보니까

봉다리　봉지

봉을 뺐다　알맹이를 뺐다. 하고 싶은 만큼 다 했다

뽙아서　밭아서. 물기가 없어서

뽙은 지침　밭은기침. 마른기침

봤이까　봤을까

부둑투라놓고　아무렇게나 두고. 내버려두고

부득씨라놓고　아무렇게나 내려놓고. 여기저기 흩어진 채
　　　　　　　　로 놔두고

부:들어서　협력해서

부등:부등허고　졸라 대고

부떡　부뚜막

부라부러　내려 버려

부러바서　부러워서

부럭떼기　황소

부리쌍:깨　자꾸 시키니까

부사구로 떨고　(아첨하면서) 수선을 피우고

부사구시러버라　수선스러워라

부석　아궁이

부석강생이맹키로　아궁이에서 나온 강아지처럼. 매우 지
　　　　　　　　　　저분한 모양새일 때

104

부슬부슬　이슬비가 내리는 것을 느낌으로 표현한 말

부시럼　부스럼. 종기

부애가 나서 / 부양이 나서　화가 나서

부양을 핀:께　화를 돋우니까

부엣찜에　홧김에

부엥이　부엉이

부챗님　부처님

부처리　부침개

부클부클허니　탐스러운 털 모양

부틀시럽다　부자의 풍채다. 살이 좀 있고 보기 좋은 체격이다

부:해져서　부옇게 되어서

북대기　부피

북새(붉새)　노을

분다　꽈리를 분다. 입 속의 꽈리에 든 공기를 이로 눌러
　　　서 빼면 소리가 난다.

분다　피리를 분다. 풍선을 분다

불각철로　예고 없이 갑자기

불뚝심　화가 나면 갑자기 나는 성질에서 나는 힘

불뚱불뚱해싼께　불평을 자꾸 하니까

불란을　소란을

불버서　부러워서

불쌀개　불쏘시개

불을 피:서　불을 피워서

불잉그락　잉걸불. 빨갛게 이글거리는 숯불

불작때기　부지깽이. 불 지필 때 쓰는 막대기

불키서　부르터서

불퉁기리고　불평을 하고

불티겉이　급하게. 금새

붓어라　부어라

붕알　불알

붕:태거치　바보같이

비가 줄금줄금 오네　비가 오다가 그치고 또 오다가 그치고
하네

비:개　베개

비기싫다　보기 싫다. 눈에 거슬린다

비끼라　벗겨라

비:끼라　비켜라

비:내고　베어내고

비늘　벼나 보리를 베어서 보관할 때 비 맞지 않게 볏단, 보릿단을 돌아가면서 올려 크게 쌓아서 날개를 씌워 놓은 것. 짚도 비늘로 보관한다.

비:단가난　겉으로는 궁색한 티가 안 나는데 실상은 궁핍하다

비등비등:허다　비슷비슷하다

비락　벼락. 번개

비락치기로　급하게. 빠른 솜씨로

비랑　별로

비럭　벼룩

비렁　벼랑

비:로　비료

비루　벼루

비름빡　벽

비리갱이　삐쩍 마른 것(사람)

비리뿌렀다　못 쓰게 되어 버렸다

비:무니　어련히

비:묵다　베어 먹다

비:문헐랍띵깨　어련하겠습니까. 좋을 것이 확실합니다.

비:서 베어서

비설겆이 (일기 예보가 없었을 때) 맑은 날씨가 갑자기
비가 쏟아질 것 같을 때 빨래나 곡식 등 널어
둔 것들을 급하게 걷어들이던 일

비설겆이로 허드라 굶주린 사람이 음식을 급히 먹는 모
습을 봤던 얘기를 할 때 표현하는 말

비:손허다 신에게 빌다

비실 / 베실 벼슬

비씩도 나타나지도

비우 비위

비:주고 비워 주고

비찌락 비. 빗자루

빅낙겉이 벽력 같이. 매우 큰 소리를 지를 때의 비유

빈둥기리고 빈둥거리고. 하는 일 없이 게으름만 피우고

빈:통머리 주변머리

빌: 별

빌:건 빨간

빌따듬꼬 벼르고

빌미떡없이 눈치 없이

빌밍찮은   똑똑하지 못한

빌사시런 소리   별스러운 소리. 좋지 않은 소리

빌시럭   별스러운 방법

빌:씨라   벌려라. 펼쳐라

빌쩍시러버라   별스러워라. 이상야릇해라

빌쭉씨럽다 / 벨쭉시럽다   별스럽다

빗기다   벗기다

빗깜도 안 허고   나타나지도 않고

빗찌락   빗자루

빙: 병

빙:원   병원

빙:이 나서   병이 나서

빙:이 도져서   병이 재발해서

빙:치레만 해쌍께   항상 병을 끼고 사니까

빙:태겉이   못난이같이. 병신같이

빝   볕

빠끔살이   소꿉놀이

빠락빠락 씻거라   힘들여서 세게 씻어라

빠삭:허다   내용을 훤히 알다

빠줄라 빠뜨릴라

빠침 종이로 접은 딱지

빤닥씨룸헝께 쓸 만하니까

빤득새 윗사람 말을 듣지 않고 뺀들거리는 사람

빤:듯허다 곧고 바르다

뺨 뺨

빼깽이 / 빼까리 절간고구마. 고구마를 씻어 썰어 말린
것

빼낐어 빼앗겼어

빼뜨라서 빼앗아서

빼:박았다 똑같다. 닮았다

빼비 / 빼다지 서랍

빼작:빼작 겨우겨우. 힘들게 걷는 모습

뺀드랍다 약다

뺀지랍다 / 뺀드러버서 약삭빠르다. 꾀발라서

뺀질뺀질허다 뻔뻔하다

뺏어부리고 빼앗아 버리고

뺑끼 페인트

뺑돌이 팽이

뺑실:뺑실　뺀질뺀질

뻐리적뻐리적　엄살을 떨고 보기 싫게 몸부림을 하는 모양

뻑:때껄은 사람　꽉 막힌 사람

뻑뻑수　벽창호

뻔듯을 못 허게　눈 깜박할 사이도 없이. 잠시도 마음을
　　　　　　　　　놓을 수 없게

뻔쩍뻔쩍　반짝반짝

뻔:헝께　훤하니까. 안 봐도 잘 아니까

뻘딴추니　깔끔하지 못한 사람 또는 그런 모습

뻘지서리　별스런 헛짓거리

뻘쭈배기　펄투성이. 진흙투성이

뻘천이　건성건성 덤벙거리는 사람

뻿때장을　발버둥을

뻿씨디:뻿씨다　아주 뻣뻣하다. 뻣뻣하고 억세다

뻿씽께　뻣뻣하니까

뻿짱나무맹키로　뻣뻣한 나무토막처럼

또:깡　바짝

또:로 앞에　바로 앞에

또시락끼리냐　부스럭거리냐

뽀시락장난 앉은 자리에서 소소하게 하는 장난

뽀식아서 빻아서

뽀:짝 바짝. 가까이

뽀치싼냐 자꾸 들락거리냐

뽁:지 박쥐

뽄 본. 본보기

뽄닥머리 안 좋은 모양

뽄도 없다 모양새가 안 좋다

뽈딱지다 날쌔다

뽈:똥나무 산뽕나무

뽈락 볼락

뽈리봐라 빨려 봐라

뽈짝:뽈짝 허고 한 모금씩 한 모금씩 하고. 조금씩 조금
씩 하고

뽑뜨게 부지런하게. 잽싸게

뽓땃:허다 빠듯하다

뽓똣:허다 물이 적다. 국물이 적은 음식

뿌:다구 나쁜 성질을 부리는 모습

뿌다구 모서리

뿌대기　부스러기. 조각

뿌득:뿌득　부득부득

뿌랭기　뿌리

뿌시가뿌리고　부숴 버리고

뿌시레기　부스러기

뿌식다　부수다

뿌져라　저며라. 무를 한 손에 들고 칼을 내려 스치며 저
미는 것

뿌질라서　꺾어서

뿌징카갖꼬　부러뜨려 가지고

뿐크라뿌러　분질러 버려

뿔 돋친 놈　보통이 아닌 사람. 특별한 사람. 무시 못 할
사람

뿡카불다　분질러 버리다

삐가리 / 삐갱이　병아리

삐끔내다　삐치다

삐끔냈다　토라졌다

삐내　비녀

삐:대고　눈치만 보고

삐대고　신세를 지고

삐댈라고　미리 신세 질 작정을 하고

삐들쿠　비둘기

삐따구　뼈다귀

삐비　비 올 때 쓰는 둥구지(우장)를 만드는, 키가 큰 띠
　　　풀의 잎이 나오기 전에 줄기 부분 껍질을 벗기면
　　　속에 들어 있는 여린 부분. 먹으면 촉촉하고 약간
　　　달콤한 맛이 난다.

삐:서　접질려서

삐:트라졌다　비뚤어졌다

삘:거다　빨갛다

삥아리 / 삑아리　병아리

여숫말은 개미지다

전라남도 여수·돌산지역 사투리

사내기 노래기

사람을 똥친 막때기로 사람을 똥을 치운 막대기 취급을 한다. 사람으로 보지 않고 아주 무시한다.

사:램이 사람이

사마구 사마귀

사:바리 불가사리

사:방디가 아퍼서 전신이 아파서

사불사불해 비위를 잘 맞춰

사삭씨럽다 간사하고 좀스럽다

사삭을 간살을

사우 사위

사운사운 는개가 내리는 느낌을 표현한 의태어

사위어가는 스러져 가는. 없어져 가는

사이다 사시오

사정없이　인정 없이

사:춘　사촌

사쿠다　삭이다. 소화하다

사타리　사타구니

사탕가리　설탕

삭씬　근육

삭었다　발효됐다

(김치가) 삭었다　(김치가) 익었다

삭후다　(김치를) 익히다

산나꾸　새끼줄

산넘에곱:수　꾀가 많은 사람. 흔히 볼 수 없는 사람

산대야 법대야　(큰일이나 하는 듯이) 법석을 떠는 모양

산몰랑　산등성이

산을채:서　산을 넘어서

산포래　갈색 파래. 일반 파래와 다르게 가늘고 길다. 말
　　　　려서 식용으로 사용함.

살갑게　다정스럽게

살었는갑다　살았는가 보다

살째:기　넌지시. 드러나지 않게. 가만히

살푼살푼 소리 없이 살살

살피라 살펴라

삼:시랑 삼신할머니

삼이웃에 두루 근방의 이웃에

삼춘 삼촌

삼춘뻘 삼촌뻘

삼:탈바꿈을 해서 뜯어 헤쳐 모양을 바꿔 놓고

삽허다 적어서 보잘것없다

상:구 아주

상그럽다 산란스럽다

상:나는디 아쉬운데

상나무 향나무

상:붙인다 교미시킨다

새끔이 고양이

새덕 원두막

새랍문 사립문

새랖에서 사립 밖에서

새:로간에 커녕

새리새리 / 졸배졸배 / 두리두리 새끼를 꼬아서 동그랗게

올려 쌓은 모양

새복에 새벽에

새비 새우

새살시럽은 날 춥고 으스스한 날씨. 검은 구름이 짙게 낀

겨울 날씨

새삼시럽게 뜻밖에

새시:럭으로 새로운 방법으로

새큼:허다 새콤하다. 신맛이 조금 있다

샛:길 지름길

샛:꺼리 새참거리

생:끼 / 샌:치 송아지

생뚱시러버라 엉뚱스러워라

생이 상여

생키다 삼키다

생킸다 / 생키부렀다 삼켰다. 삼켜 버렸다

서너 개 세 개나 네 개 정도

서늘찜에 서늘해질 즈음에

서답 세답. 빨래

서드레꾼 보조 역할을 하는 사람

서랑께　서라니까

서리서리　서로서로

서:부드락　어쩔 수 없이

서숙　조

서씨랑께 / 서 있으랑께　서 있으라니까

서이서　셋이서. 세 사람이

석뱅이로　사이사이로 다르게. 주로 아들, 딸, 아들, 딸 이런 순서로 번갈아서 낳았을 때 ‘석뱅이로 낳았다’고 표현한다.

선:떡무리　뭉쳐지지 않은 오합지졸

설동을 해서　앞서 부추겨서

설뜩멀뜩해서　어설퍼서. 낯설어서

설레발을 치고　부산하게 미리 서두르고

설:쇤 무시　설 지난 무. 좋은 때가 지난 물건이나 사람

설: 양석　설에 쓸 곡식

설치고　나대고

섭씰리서　휩쓸려서. 어울려서

섯잽히서　손에 잘못 잡혀서

성　형

성:그리고 댕기냐　바쁜 듯이 서두르고 다니냐

성냥깐　대장간

성냥쟁이　대장장이

성님　형님

성세에　형편에

성수　형수

성지　형제

성지간에　형제간에

성:질머리　성깔머리. 좋지 못한 성질

셈힝제가　삼형제가

소:가지　나쁜 마음가짐. 좋지 않은 성질

소갈머리없이　속없이. 생각 없이

소:갠이　소견이. 생각이

소나들이　사내들이. 남자들이

소님　손님

소님　천연두. 마마 자국이 남는 전염병

소두방　솥뚜껑

소드레 / 사드래기　여러 사람이 한 애기 끝에 말이 와전
　　　　　　　　　　　　되어 서로 말다툼을 하는 상황

소디미로　거칠게

소디미로 들어서　함부로 거칠게 들어서

소락때기　듣기 불편하게 지르는 큰 소리

소럽을　과정을. 내막을

소롯이　고스란히

소:배비　소행이. 하는 짓이

소분지애:씨다　아주 작은 것이다. 아주 약한 것이다

소불　부추

소시랑　쇠스랑(농구)

소:자　효자

소주땡깔　밭땡깔과 같은데 타원형

소캐　솜

소탁깐에　닥치는 대로

소:통머리없이　꽉 막힌 소갈머리. 좁은 소갈딱지

소:팅이　소행이. 하는 짓이 마음에 안 들 때

소팅이로　행동거지를

속:끼리고　마음 상하고

속이 대린다　소화가 안 된다

속창아리 없이　속없이 가볍게 생각해서 못마땅할 때

손:굿전질 / 송:곳전질　잔칫날 많이 준비한 음식을 중간에
모자라게 쓴 요량 없는 짓

손꾸락　손가락

손끄시럼　손거스러미

손등이 텃다　겨울에 찬물로 일하고 따뜻한 물로 씻지도
못해서 손등 피부가 갈라졌다

손모가지　손을 속되게 표현한 말

손우　손위

손푸가　일손이

솔깽이　참솔나무(육송) 가지. 참솔나무 가지를 잘게 쪼
개서 불을 피우면 껍질 속의 기름이 타면서 훤
하게 주위를 밝혔다.

솔랑기리고　들락거리며 가져가고

솔랑:솔랑　조금씩 조금씩

솔래:솔래　몰래 조금씩 조금씩

솔업을　내용을. 방법을

솔:찮이　수월찮이. 적잖이. 상당히. 쉽지 않게

솜:을　효험을. 효과를

송굿　송곳

송쿠　송기(소나무 속껍질)

송쿠떡　흉년에 먹을 것이 없어 소나무 속껍질을 벗겨 물
에 담가 놨다가 곡물 가루를 섞어 만들어 먹었
던 떡

송핀 / 바지개떡　송편

솥전만 돌지 말고　변두리만 치지 말고. 돌려서 말하지 말고

쇠:개기　소고기. 쇠고기

쇠구루마　소달구지

쇠구시　소구유

쇠 띠끼라고　산 들머리에 가서 소에게 풀을 먹이고 매어
놓으라고

쇠막깐　외양간

쇠:뿌렀드라　철이 지나서 거세졌더라

쇠 잡는다 / 돼지 잡는다　사람이 먹으려고 소나 돼지를 죽
인다

쇠죽　소죽

쇠죽가마　소죽을 끓이는 가마솥

쇠철겉이　철근같이. 강하고 센 것을 비유

쇠철겉이 따라져서　폭우가 줄기차게 쏟아져서

쇡:이 속이

쇡힜다 속았다

쇳대 열쇠

수던기리고 수런수런. 수런거리고. 조용하지 않게 낮은
　　　　　　　소리로 계속 말을 하고

수덥다 순진하다

수두백이 어수룩한 사람

수둑:허니 수북하게

수말시럽께 능청스럽게

수배갖고 우거져서. 쌓여서

수염에 불 끄듯 몹시 허둥대는 모습

수월허다 (병세가) 좋아졌다

수지야지로 떨고 시끄럽게 부산을 떨고

수챗구멍 하수구

수타니 많이

숟꾸락 숟가락

술쩍시럽다 거짓스럽다

술찌갱이 / 술찌개미 술찌끼

술쿠새가 술버릇이

숨모둠 형제들이 다 먼저 죽고 혼자만 남아 있는 사람

숨:쩔 숨결

숫사돈 사위 쪽 사돈

숫채꼬랑 하수도

숫헝께 수더분하니까. 순진하니까

숭 흉

숭거라 심어라

숭거바라 심어 봐라

숭구댓끼 심듯이

숭글숭글헝께 음흉스러우니까. 표준어 사전에 나와 있는 '숭굴숭굴하다'는 '얼굴이 귀염성 있고 덕성스럽다, 심성이 너그럽고 원만하다'라는 뜻으로 발음은 비슷하지만 전혀 다른 의미이다.

숭글시럽다 감쪽같이 거짓말을 하는 모습

숭냉 / 숭님 숭늉

숭년이 흉년이

숭노캐 아주 고집스러운 사람

숭덩숭덩 듬성듬성

숭악허다　흉악하다

숭어리　봉오리

숭을 보고　흉을 보고

숭을 잘 내서　흉내를 똑같이 잘 내서

숭테　흉터

숯껌댕이　숯

숯땡이　숯덩이

쉬:가 씰어　구더기가 생겨

쉽:들 안헌께　쉽지는 않으니까

시:껍　질겁

시끄러버서　(너무 떠들어서) 시끄러워서

시건방져서　지나치게 건방져서

시구　석유

시구쫑지　석유 등잔

시금털털허다　시고 텁텁하다

시끌버끌허드라　너무 시끄럽더라

시끌벅쩍허드라　왁자지껄하더라

시나:브로　천천히

시나져서　지쳐서

시낭:고낭　시들시들

시낭:고낭허다가　시름시름 앓다가

시님　스님

시동 / 소:메　인분뇨

시들푼:허다　(사람이) 기운이 다 빠졌다. 후줄근하다

시디:시다　너무 시다

시래비아들　실없는 사람

시럽다　시리다

시리　시루

시리떡　시루떡

시마리가 없어서　힘이 없어서

시방　지금

시숫대　세숫대야

시알리다　헤아리다

시앗　첩

시왔다　세웠다

시운다고　세운다고

시임이 없어　책임감이 없어서

시장시러바서　같잖아서

시주구리　야무지지 못한. 시원찮은

시지부지　흐지부지

시:안에　새해 안에

시카서　식혀서

시퍼:러니　새파랗게

시:퍼보고　무시하고. 깔보고

시:퍼서　만만해서. 업신여겨서

신가리　식초 맛이 나는 가루(주스 가루)

신간이 핀헝께　마음이 편하니까

신:겁이 났다　신이 났다

신둥껑둥　건성건성. 신중하지 못한

신물나게　물리도록. 질리도록

신이나 돌리놓지　개가나 하지

실갱이　승강이. 실랑이(살쾡이의 경남 방언이기도 함)

실겁다　어른스럽다. 철이 들었다

실겁응께　다 컸으니까

실:꼬　싣고

실땁짤다　미덥지 않다. 말과 행동이 실답지 못하다

실땁쨔니　실답지 않은 사람. 미덥지 않은 사람. 진실하

지 못한 사람

실래:실래　살금살금. 몰래몰래

실렁:실렁　대강대강

실:망시럽게　유난스럽게

실무:시　살며시

실뭇:허니　못 이기는 척하고 슬며시

실빈을　지체를

실빈을 허고　꾸물거리고

실쩍　슬쩍

실:큰　실컷

싫단깨　싫다니까

심　힘

심 씰라먼　힘을 쓰려면

심대로　힘껏

심:바람　심부름

심이 부친께　힘이 모자라니까. 능력이 안 되니까

심이 씬께　힘이 세니까

심이 종께　힘이 좋으니까

심전대　실꾸리를 감을 때 첫 중심 막대기

심줄　힘줄

십씰리서　휩쓸려서

싱개:싱개　이따금씩. 때때로

싱거버서　싱거워서

싱건지　물김치. 동치미

싱:겡이　싱경이. 청태과의 녹조류. 머리카락과 비슷하게
　　　　생겼는데 말려서 무침, 쌈 등으로 먹음

싱둥겅둥　아무 말이나 함부로 하는 태도

싱미　성묘

싱키다　감추다

싱키부리고　숨겨 버리고

싱키뿌렀다　숨어 버렸다

싱킨내키 / 싱킨막질　숨바꼭질

싱킨능갑다　숨었는가 보다

싸가지없다　예절을 모른다. 예의를 안 지킨다

싸게가자　어서 가자

싸게싸게 / 쌔게쌔게　빨리빨리

싸그라나　놀라워라

싸그리　모두

싸:납다　사납다

싸대기　따귀

싸댕기고　싸돌아다니고

싸라지게　지나치게. 아주 많이

싸목:싸목　천천히

싸질러댕기고　어울려서 싸돌아다니고(못마땅할 때)

싼다구　얼굴을 속되게 표현하는 말. 미울 때

쌀 폴로 갔다　쌀 사러 갔다

쌂어라　삶아라

쌈:을 허고　싸움을 하고. 싸우고

쌍　상. 얼굴

쌍놈　상놈

쌍둥　생각 없이 가볍게 자르는 모양

쌍베　양잿물이 들어오기 전에 베틀에서 짠 베를 잿물에 삶아 가지고 냇물에 빨아서 갓 부분을 적당한 길이로 잡아 모아 짓을 지어 놓았다가 물 빠지면 널어서 더 희게 하는 작업(물에 씻어서 볕에 말리기를 또 하면 더 희게 된다)

쌓캐라　만만하지 않다. 놀라워라

쌔　억새풀

쌔　혀

쌔가 빠지게　아주 힘들게

쌔가 빠질 놈　혀가 빠질 놈(저주. 악담)

쌔게쌔게　빨리빨리

쌔:고쌨어　많고 많아

쌔까래　서캐(몸에 생기는 이의 알)

쌔띠기　억새

쌔:부러도　많이 있어도

쌔:뿌럿드라　많이 있더라

쌔이서 / 쐬이서　쏘여서

쌕쌕허다　색이 화려하다

쌕:쌕허다　발음을 길게 해서 색이 너무 지나치게 화려하
　　　　　　　다는 뜻으로 강조해서 쓴다.

쌧바닥　혀의 속된 표현. 주로 험담을 한 미운 사람에게
　　　　　쓰는 말

쌨는디　많은데

쌨:다　흔하다

쌩개기　날생선. 말리지 않은 생선

쌩것　날것

쌩뚱맞다　엉뚱하다

쌩쌀　생쌀

써라　(불을) 켜라

썩비렁　거칠고 억센 바위

썩쿠다　썩히다

썸벅썸벅　말을 함부로 하는 것을 말함.

성깔머리　좋지 못한 성질

성을 내서　화를 내서

쎌피 / 찔피　바닷물에서 자라는 해초(뿌리와 잎 전체 식
　　　　　용)

쏘낙비 / 쏘내기　소나기

쏘내기가 한 줄금 왔다　소나기가 한차례 왔다

쏘:름이　소름이

쏘삭쏘삭　속닥속닥

쏘삼빌이 믹이라　틈틈이 챙겨 먹여라

쏫치서　쏠려서

쏴부리고　톡 쏘아 버리고

쐬꼿　쇠

쑤시　수수

쑤싯대로 뽑고　어려운 일로 고민하는 모습

쑥놈　수놈. 수컷

쑹악허다　만만하지 않다. 흉악하다. 모질다

씨갓집　시가. 시댁

씨곤소리　아쉬운 소리

씨날이 갖어야　씨줄 날줄이 갖춰져야. 양친 부모가 덕성
　　　　　　　　스럽고 인품이 있고 좋아야

씨누　시누이

씨는디　쓰는데

씨:다　세다

씨:다니　실없는 사람

씨다니맹키로　주책없는 사람처럼

씨:라 / 씰어라 / 씨러바라　겨뤄라. 겨루어 봐라

씨래기 / 씰가리　시래기

씨럽다　쓰리다

씨:리　모두 제각각 골고루

씨몰림을 허고　온 가족이 모두 다 죽고

씨무럭을 해서　자면서 칭얼거려서

씨버라　쓰다

씨부렁기리냐　시부렁거리냐

씨분가리　쓴 맛이 나는 가루 (커피 가루)

씨분깨로　맛이 쓰니까

씨산이 / 씨단이　이 말 저 말 하는 미덥지 못한 사람

씨:서　(힘이) 세서

씨석:씨석　진중하지 못하고 농지거리나 하는 모양

씨앗이　목화씨를 분리하는 기계. 씨아

씨어무니　시어머님

씨언:허다　시원하다

씨엄씨　불편한 시어머니 애기를 할 때

씨연:코　(미운 사람이 잘못됐을 때) 속이 시원하다

씨염　수염

씨이서　신경 쓰여서

씩은밥　식은 밥. 찬밥

씩잖다　안 좋다

씩잖헝께　안 좋으니까

씰개　쓸개

씰긋:허니　슬그머니

씰리서　밀려서. 휩쓸려서

씰어라　쓸어라

씰어서　겨루어서

씸뱅기　털게

씸벅씸벅허다　통증이 순간 순간 느껴지는 것을 표현할
때 쓰는 말

씹다　쓰다

씹떡껍떡　말을 함부로 하는 것

씹띠:씹다　매우 쓰다. 아주 쓰다

씹씰:허다　씁쓸하다

씹은 맛　쓴맛

씹음소롱　씹으면서

씻거논깨　씻어 놓으니까

씻까시뿌리고　씻어서 깨끗이 하고

씻꺼라　씻어라

아

여숫말은 개미지다
전라남도 여수·돌산지역 사투리

아가: 아가야. 이름을 잘 모르는 어린이나 젊은 사람을 부르는 말

아:가 아기가

아가리 입을 속되게 지칭하는 말

아구망태 / 아구창 입. 주로 자기 흉을 본 사람 얘기를 할 때 악의를 담아서 이렇게 말한다.

아금발라서 부지런하고 알뜰해서

아까 조금 전

아까맹키로 조금 전처럼

아까버서 아까워서

아까참에 조금 전에

아:꾸 아귀

아나 옜다. 아랫사람에게 물건을 줄 때 '여기 있다'의 의미로 사용

아:나 조롱하는 놀림조(안 주면서 줄 것처럼)

아닐싸 아니나 다를까

아득바득 아등바등

아:들 아이들

아:러께 지난번에. 저번에

아리까리허다 알쏭달쏭하다

아릿방 아랫방. 아래채에 있는 방

아:매 아마

아:무적게 / 아무정께 어느 땐가. 얼마 전에. 언젠가

아무쪼록 어쩌든지. 어쨌든지

아무캐나 아무렇게나

아부니 아버님. 시아버지

아부지 아버지

아붓쌔 저번에

아새대로 원래대로

아서라 하지 마라. 그만둬라

아세만 뽈아서 애벌빨래만 해서

아수바서 아쉬워서

아스므레 어슴푸레. (기억이) 희미하게

아스므레: 저 멀리 보일락 말락 하는

아시로타서　젖먹이 아기가 있고 또 임신을 했는데 아기 건강이 안 좋아졌을 때

아시무락:해서　까마득해서

아시무락:허다　너무 오래 전 일이라서 기억이 감감하다

아실막지게　아슬아슬하게. 간신히

아웅개　고양이

아이:갸　아차

아이고메:　에구머니나

아자쌔　아저씨

아작이 나뿌러서　못 쓰게 되어 버려서. 못 쓰게 어긋나 버려서

아작이 나서　못 쓰게 되어서. 못 쓰게 어긋나서

아재　도련님. 시동생

아적에　아침에

아적절에　아침결에. 오전에

아지몸　아주머니

아질자질해서　아찔해서

아짐쌔 / 아짐씨　아주머니를 높여 부르는 말

아짐찮다　미안하고 고맙다

아:짐태　혹시나. 행여나

아퍼서　아파서

악다구리　악다구니

악문　앙갚음. 배신

악:을 씨고　소리를 크게 지르고

안:개가 찌:서　안개가 껴서

안거서　앉아서

안 구시서　안 굳어서

안 기룹은께　안 부족하니까. 안 그리우니까

안:날　전날

안:다니　똑똑한 체하는 사람

안 더분께　안 더우니까

안 딕힌다　안 들린다

안 올랑갑다　안 오려나 보다

안졌잉께　앉아 있으니까

안즉꺼정 / 안직까장　아직까지

안투방　태를 묻은 곳. 고향

안 헝께　안 하니까

알감지는　알맹이는

알량미　안남미. 동남아 지역 쌀인데, 우리나라에서 생산

　　　　되는 쌀과 달리 쌀알이 길고 찰기가 없다.

알류까서　달래서

알어봤당께　알아봤다니까

알짱기리고　얼쩡거리고

암:디라도　아무 데라도

암떠서　내성적이어서

암량해서　다 합해서. 감안해서

암:만을　얼마를

암:만이 없껏네　너무 좋아서 더 바랄 게 없겠네

암만해도　아무래도

암:시랑토　아무렇지도

암:시롱　알면서

암작에도　아무 데도. 아무짝에도. 아무 방면에도

암타꾸가　아무런 상관이

앗씩 작은 것　조금 적은 것

앗씩했뜨라먼　아차 했더라면

앗어서　목화씨를 빼서

앙거라　앉아라

앙:깨로　아니까

앙:껏도　아무것도

앙다물고　이를 악물고

앙버툰께　끝까지 기를 쓰고 대항하니까

앞골림　앞가림(방문 시 인사치레로 갖고 가는 선물)

앞장갱이　정강이

애곤헌말　애간장이 끊어지는 듯한 말.

애기 뱄다고　임신했다고

애끼 묵어라　아껴 먹어라

애끼고 애끼서　아끼고 아껴서

애:둘버서　아쉬워서. 후회해서

애:로 믹잉깨　속을 썩이니까

애리서　아려서

애:먼 사람　애매한 사람

애비　아비

애비 파는 소리로　가슴을 후벼 파는 말로

애:수발리 / 애:보리게　애바르게. 애쓰고 부지런하게

애시당초　아예. 애초에

애옥질　구역질

애저녁에　초저녁에

앤디사람 / 왼디사람　타 지역 사람

앤손잽이 / 앤작잽이　왼손잡이

앱디로 / 윕디로　별도로. 따로

앵:그리다　아니꼽게 눈총을 주다

앵:짜　몽니

앵:짜로 부리쌍께　자꾸 심술을 부리니까

앵기라　옮겨라

앵기손꾸락　새끼손가락

앵아리로 못 풀어서　앙심을 못 풀어서

앵허다　아깝다. 손해 본다

야달깨　여덟 개

야마리가 없다　파렴치하다. 염치가 없다

야몽야몽　야금야금. 조금씩 조금씩 먹는 모습

야물딱찌게　야무지게

야분 사람　야윈 사람

야:불댕이다　오히려 다행이다

야불아서　야위어서

야불야불허고　말이 많고

야섯　여섯

야수고　노리고. 겨냥하고

야실야실 / 야실기리다　야슬야슬. 야슬거리다. 입담 좋게
계속 말을 늘어놓는다

야지리로 치:고　화를 돋우고

야지짜바니　적지 않게(많지도 않게)

야짓잖다　의젓하지 못하다

야폰디로　낮은 데로

얀다무치다　야무지다

얀장머리　얀정머리. 인정머리를 얕잡아 쓰는 말

얀장머리없이　염치없이

얄:궂어라　별스러워라

얌얌헐 새가　심심할 시간이

얍삽허게　잔꾀를 부려서 자기의 이익만 챙기고 치사하게

양광시럽게　조그마하고 예쁘게

양애 / 양애깐　양하. 순한 생강 향이 나는 식물. 특이한
향이 있는 나뭇잎. 매년 한 차례 추석 약
보름 전쯤에 나무에서 따서 된장 속에 넣
어 장아찌로 먹기도 하고 데치거나 찌거

나 볶음 요리 등으로 먹고, 날것으로 양
념해서 먹기도 한다

얘질얘질　하는 짓마다 미운 짓, 못된 짓일 때. '얘질얘질
속을 썩인다'와 같이 사용한다.

얘푸다　얕다

얠미시럽다　얄망스럽다

어 가그라　어서 가거라

어구차서　드세서. 억세서

어그대고　어기대고. 반항하고

어긋:어긋허니　말을 듣지 않고 어긋나게. 삐딱하니

어꼬　그러니까

어:꼬　아니. 아니요. 질문에 대해 부정의 대답을 할 때

어끄라뿌렀냐　쏟아 버렸냐

어느새끼　어느 사이. 언제

어다어다 / 오다오다 / 어따따　어두에 쓰는 감탄사. 다음
할 말의 뜻을 강조할 때

어다저다나　그러니까 그래서

어두바져서　어두워져서

어룽기리서　어른거려서

여수시 돌산읍 서기마을 입구에 있던 수령 약 500년 된 느티나무. 2019년 그림을 그리고 난 후 이 나무는 수명을 다해 이제 더 이상 그 모습을 볼 수 없게 되어 매우 안타깝다.

어룽태룽:해서 확실하지 않아서

어리등대 떠받듦을 받을 만한. 공경할 만한. 섬길 만한

어리버리 어리숙한. 흐리멍텅한

어:먼 데로 엉뚱한 곳으로

어:먼 디로 다른 곳으로. 아닌 곳으로

어:먼 사람 애매한 사람

어:먼 소리 딴소리

어무니 어머니

어무신 엄짚신. 상제들이 초상이 났을 때부터 졸곡 때까
지 신는 짚신

어묵소 어서 먹게

어미 애비 / 이미 애비 어머니 아버지. 남의 부모를 얕잡
아서 이르는 말

어:버리 못난이. 바보

어시 우두머리

어싱허게 어설프게

어영:부영 하는 일 없이

어이서 어디서

어장 적꾼들 어장에서 일하는 사람들

어정재비 놈팽이

어:주리 멍청이. 바보

어줍잖은 것을 보잘것없는 것을

어지께 어저께. 어제

어:지라놓고 정돈하지 않은 채로 흩트려 놓고

어짐잖이 많이

어채서 어째서

어채야 씨까? 어떻게 해야 할까?

어처꺼이다 어떻게 할까요?

어청깨로 어떻게 하니까

어:치 어찌나

어치 그리: 어쩌면 그렇게

억끄라부러라 쏟아 버려라

억찌라뿌러라 엎질러 버려라

언:눈폴다 한눈팔다

언세 아첨하는 세설. 아첨하는 말

언:제보통 언제부터

얼간을 해서 짜지 않게 싱겁게 해서. 소금을 적게 해서

얼게빗 / 얼기빗 얼레빗. 빗살이 굵고 성긴 빗

얼기미 / 얼게미　성긴 체. 굵은 무거리를 골라낼 때 쓰는
　　　　도구

얼뚱애기　다 큰 아이가 어리광을 부릴 때

얼띠기　얼뜨기. 다부지지 못하고 겁이 많아 얼빠진 것
　　　　같은 사람

얼:랑녹을랑　융통성 있게 비위를 맞추려는 태도

얼래설래통에　정신없이 바쁜 중에

얼렁 댕기오니라　빨리 다녀오너라

얼렁 싱키나라　얼른 숨겨 놔라. (물건을) 빨리 숨겨 놔라

얼렁 싱키라　얼른 숨어라. 빨리 숨어라

얼렁얼렁 / 언능언능　얼른얼른. 어서어서

얼룽시럽게　거짓말을 참말처럼. 거짓스럽게

얼:삥　허황된 짓으로 얻은 병

얼씬도 못 헝깨로　나타나지도 못하니까

얼요구나 해라　시장기나 면해라

얼쩡기리고　하는 일 없이 왔다 갔다 하고

얼쭈　거의. 얼추

얼척이 없다　어처구니가 없다. 어이가 없다

얼쳉이　언청이

엄:퍼니거치　바보같이

업:새다　아니요

업씸서　없으면서

업지라　엎드려라

없었이까　없었을까

없:이　아니 아닐세(강한 부정)

없이깨미　없을까 봐

없이보고　업신여기고

없이뿌리다　없애 버리다

엉가놓고　모양새를 어설프게 해 놓고

엉가서　겨우 모양을 잡아서

엉겁절에　엉겁결에

엉:구　바보

엉:구맹키로　바보같이

엉꾸만　없구만

엉덕에　언덕에

엉머구리　참개구리(잘 우는 개구리)

엉머구리떼　여러 사람이 함께 통곡을 하는 모습

엉바구　커다란 바위

엉치 엉덩이와 허리의 경계 부위

엉쿠렁에 깊숙한 구렁텅이에. 나쁜 사람으로 몰아서

엉탁 말썽이 될 핑계

엉탁을 허고 탓을 하고. 책임을 지우고

엎지씽깨 엎드려 있으니까

에:레기 쑹 예끼 흉한

에비작에비작허고 좁은 공간에서 능률이 안 오르게 하고 있는 모양

엘:로 오히려

엠:백을 허고 아무렇게나 바르고

엣씨요 에씨시오(어르신께 물건을 드리면서)

엥가니 어지간히

엥간:허면 웬만하면. 어지간하면

여개가 없어서 여가가 없어서. 겨를이 없어서. 바빠서

여그까장 여기까지

여그서 여기서

여날라서 머리에 이고 날라서

여:노코 넣어 놓고

여라 / 이고 가그라 머리 위에 얹어라. 얹어 갖고 가거라

(여자들이 짐을 옮길 때 하는 방법)

여:러버서   부끄러워서

여시 / 여수   여우

여우다   시집. 장가보내다

여적지   여태까지. 이때까지

여:차로   혹시나 하고

역부로 / 역뿌로   일부러

연:달바구   분위기 파악을 못 하는 사람

연:달없다   눈치 없다

연때가 맞어야   상황이 서로 맞아야

연:새겉은   말 잘 듣는

연설 까고 있네   실없는 말을 할 때 핀잔하는 속어

연:치   방아깨비

연치다   엎히다

연치주드라   덤으로 주더라

열:도 못지고   마무리도 못하고

열쩍어서   염치없어서

열쩍은 / 열없어서   조금 부끄러운. 부끄러워서

염생이 / 맴생이   염소

엿:다　넣었다

영:　매우

영감탱이　늙은 남자를 업신여기어 부르는 말

영거리가　효과가

영글다　여물다. 야무지다

영:로헌께　영리하니까. 총명하니까

영석이 없어서　기억력이 없어서

영애　영위. 영여. 상여 앞에 매고 가는 혼백을 모시는 조그마한 가마

예질:예질　하는 짓마다

오가리　작은 솥(질그릇)

오:감허다　감지덕지하다. 과분하다

오강　요강

오게오게　옹기종기

오금쟁이　오금

오깜맹이　올까 봐

오꺼이지　올 것이지

오:꼿짧게　앙칼지게

오난에　내년에

오는디　오는데

오니라　오너라

오니라가니라헌다　(그럴 만한 사이가 아닌데 주제넘게)

　　　　　　오라 가라 한다

오다서　모아서

오달지게　알차게

오디미로　오자마자

오랍쌔　오라버니

오랭이 조랭이　이런 것 저런 것. 각기 다른 것

오:록을 했다　실컷 했다. 충분히 했다

오:만 데가 아퍼서　온 몸이 아파서

오만천지에　사방에. 모두. 전부

오먼　오면

오:밤중에　한밤중에

오부룻:이　온전히. 고스란히. 오롯이. 온새미로(가르거

　　　　　　나 쪼개지 않고 생긴 그대로)

오빼미　올빼미

오새바새　(작은 일에) 말이 많은

오:수발리　온전하게

오시시　으스스

오이다　오시오

오줌새끼　오줌소태. 방광염

오징애　오징어

옥박어서　가슴에 맺히게

온당깨　온다니까

온:디간디　온데간데

온아적에　오늘 아침에

올개쌀　올벼쌀. 오려쌀

올까실에　올가을에

올:무까져서　까다로워서. 복잡해져서

올삼동에　올겨울에

올찬에　조금 후에. 이제 곧

옮아쥐고　움켜쥐고

옴바갖고　차지해 가지고

옴박지　저박지보다 좀 작은 옹기

옴보대대헝께　소심하니까

옴성감성　오며 가며. 오면서 가면서

옴시로 / 옴서롱　오면서

옴팡지게 / 암팡지게 야무지게. 당차게

옹공시럽게 다정스럽게. 공손하게

옹구 옹기

옹:돌바져 당돌하고 야무져

옹:석해서 편하지 않아서. 가난해서

옹:석헌 질 평평하지 않은 길

옹크리다 웅크리다

옹통지게 통 크게. 다부지게

와득와득 와락와락(성깔 있게 함부로)

와씨깜맹이 왔을까 봐

왁대값 위자료

왁딸비 퍼붓듯이 쏟아지는 굵은 빗줄기

왈기고 거칠게 나무라고

왈판대기 언행을 함부로 하는 사람

왔잉깨 왔으니까

왕배야덕배야 이러쿵저러쿵

왕지 왕겨. 쌀겨

외고패고 공개적으로 하고. 쉬쉬할 일을 크게 말할 때

외:꽃 오이꽃. 오래 병을 앓아 얼굴이 누렇게 뜬 사람.

'얼굴에 외:꽃이 핏:드라'라고 표현한다.

외나　오히려

외:라　외쳐라. 숨길 일을 크게 말할 때도 하는 말

요걸로　이것으로

요구　요기. 음식을 먹어 시장기를 면함.

요대기　포대기

요두새　말도 많고 변덕스러운 사람

요두새겉다　매우 간사하고 요망하다. 행실이 변덕스럽다

요랑껏　요량껏

요랑다리가 없어서　요량이 없어서. 사리 판단이 어두워서

요렇게　이렇게

요렇다께　이렇듯이. 부족함 없이. 떳떳하게. 보란 듯이

요리도 해보고　이렇게도 해 보고

요번에 / 요본에　이번에. 이참에

요비락을 못해　옴짝도 못해(공간적). 경제적 여유가 없
어서. 자유롭지 못해

요:상헌 일이다　이상한 일이다

요장판을 쳐놓고　난장판을 해 놓고

요:정을　끝장을

요지빈통을 허고   자주 변덕을 부리고

욕봤다   고생했다. 수고했다

욜랑기리고   말로 비위를 맞추고

욜얘비   수다쟁이

용모초초해서   용모가 초라해서

용심났다   화가 났다

용:을 씨고   힘을 쓰고. 마음의 준비를 하고

용:해 빠져서   순해서

우게   위에

우굴쑤굴   우글우글. 아주 많이 있는 모양

우그로   위로

우냐우냐 / 우야우야   친구를 부를 때

우녜우녜   아랫사람을 부를 때

우다서   옹호해서

우대우대   군데군데

우라서 / 우리서   우려서. 떫은 감의 떫은맛을 우려서

우럭:우럭   우기고 우겨서. 억지로

우리맹키로   우리처럼

우릿:허다   아리는 것보다 조금 덜 아픈 상태

우묵장성　풀이 많이 우거져 있는 모양

우밍년 / 우맹년　내후년

우선:헝깨　그만하니까. 수월하니까

우섭다　우습다

욱씬욱씬　통증을 표현하는 말

욱찌기고　윽박지르고

운이 달아서　맛이 좋아서(여러 사람이 같이 먹는 맛)

울거내:서 / 울거묵고　꼬드기어 얻어 내서. 꼬드겨서 얻어
　　　　　　　　　　먹고

울러와서　몰려와서

웁쌀걷어서　(가난해서) 밥 할 때 잡곡 위에 조금 얹은 쌀
　　　　　　밥을 먼저 담아서

웃녘에서　북쪽 지방에서. 도시에서

웃덮개　보기 좋게 모양을 내는 물건

웃덮기　장사꾼들이 파는 물건 맨 위에다 좋은 물건으로
　　　　모양내기

웃투리　윗도리. 윗옷

웃학개　상급 학교

웅개둥개　질서 없이 어수선한 분위기

웅치갖고 / 웅치서 움츠러들어서

웅치도 뒤치도 못허고 혼자 몰래 하다가 들켰을 때 당황
해서 이러지도 저러지도 못하고

웍적벅쩍 시끌벅적

원:생이 원숭이

원:청 엄청. 워낙

원허니 원허니 그러면 그렇지

위세로 사고 우세를 하고. 창피를 당하고

유불 / 율 이불

유:지 사람 이웃 사람

유:지에 이웃에

유:치도 지나치게

육모초 익모초

윤:디 인두. 바느질할 때 화롯불에 달구어 천의 구김을
펴는 데 쓰는 도구

으뭉시럽다 음흉하다

으시럭허다 엉큼하다

으실딱찌게 시치미를 딱 떼고

으:지렁시러버 어른스러워

은시랏도 안 허고   손도 대지 않고 그대로. 털끝도 안 건
드리고

을리갖꼬   돈이나 물건을 알겨내서

음마   어머

음:석을   음식을

음진멀에   음지 마을에

응강   응달. 그늘

응큼:허게   엉큼하게

이것난세   이것 때문에

이것할라   이것까지

이기서   우겨서

이깄다   이겼다. 승리했다

이깝   미끼

이날핑상   여태까지. 평생 동안

이녁이 / 이녁기   자기가

이다리먼   시도 때도 없이

이둘름허니   건더기는 적고 국물만 많이

이:때꼴로   이때까지. 여태까지

이때끔지   지금까지

이또구매 / 이똠에   이 다음에. 나중에

이러트먼   이를테면

이런거이   이러한 것이

이럽다   어렵다

이:로 서그라서   사이가 안 좋아져서

이로 시:서   날을 세워서

이리서보통   어렸을 때부터

이리씰쨱에는   어렸을 적에는

이리 오이다   이쪽으로 오세요. 편한 사이에 쓰는 말

이릿일 때   어렸을 때

이만약시   이런저런 내용을 생략할 때

이만약시 헌깨로   이러고 저러고 얘기를 하니까

이망 / 디망   이마

이:멍지다   볼품없다

이몽자몽   꿈인지 생신지. 비몽사몽

이:무러분께   가까운 사이라서 마음이 편하니까. 친하니까

이보동   이것보다

이분거리다   짓궂은 말로 놀리다

이:붓어멈   의붓엄마

이:비야　에비(무서운 상황에서 아이들을 놀래킬 때 쓰는 말)

이:삐다　예쁘다

이:삔께　예쁘니까

이사　의사

이:사　제법

이서리가　염치가

이:술시러버라　감쪽같이 속이는 행태. 능청스러워라

이실　이슬

이알:로　이 아래로

이:약을　이야기를

이열이　유혈이

이왕에　기왕에

이월 영등함쌔　영등할머니(풍신. 바다의 풍요를 관장함). 음력 2월 1일 내려왔다가 2월 25일 올라간다고. 바람이 불면 딸을 데려왔다 하고, 비가 오면 며느리를 데리고 왔다고 전해 온다.

이음매　이은 부분

이적:지　여태까지

이:편시러버서　불편해서

인:네가　여인네가

인:삥이 나서　사람으로 인한 병이 나서

인이 백이서　중독이 돼서

인자　이제. 지금

인자사　이제서야

인:진뱅이　집 안에서만 일을 하는 사람. 밖에 잘 안 나오
　　　　　는 사람

일:개　일가친척

일:래　결국

일러봐라　읽어 보아라

일러불라　일러 버릴까 보다

일러뿌러 / 일러바쳐　말해 버려

일러치면　이를테면

임방을 치고　부근을 맴돌고

임:의롭께　편하게

임:핀께　마음 편하게

입놀리면　말하면. 얕잡아서 말할 때

164

입 다실 꺼이 먹을 것이

입물 배의 앞부분

입싸구 잎사귀

잇:는 웃는

잇:다 웃다

잇어서 / 잇아서 이어서. 계속해서

잇인깨 웃으니까

잇임나서 우스워서

잇임을 샀다 웃음거리가 되었다

잇:짝에 옛적에

있는갑다 있는가 보다

있응께 있으니까

잉그락 잉걸. 잘 탄 숯불 덩어리

잉기서 엉겨 붙어서

잉깨서 으깨서

잊어뿌리면 (깜빡) 잊어버리면

잊어뿌리면 (물건을) 잃어버리면

잊임이 헐해서 건망증이 심해서

잎박이 나뭇잎이

잎싹 잎사귀

여수시 신월동에서 바라본 불무섬 전경. 봄에는 섬이 온통 벚꽃에 파묻히는 절경을 이루기도 한다.

잎박이 나뭇잎이

잎싹 잎사귀

자

여숫말은 개미지다
전라남도 여수·돌산지역 사투리

자:　편한 사람에게 물건을 줄 때

자:가　저 애가

자과져서　여럿이 집중해 있는 모습

자름:허다　갸름하다

자리　자루

자리꼽째기　구두쇠. 소소한 것까지 너무 타산적인 사람

자리 쪼신 쥐맹키로　곡식 자루를 쪼아서 터뜨린 쥐처럼

자망을 허겉응깨　자지러질 것 같으니까

자무질　자맥질

자물씨다　기절했다

자:발없다　점잖지 못하다. 경솔하다

자분자분:허다　그릇 가에까지 가득 찼다

자빠져　드러누워 있는 것을 못마땅하게 여겨 말할 때

자빠져서　넘어져서

자빨트라부러　넘어뜨려버려

자울다 졸다

자울라서 졸아서

자울라쌌는다 자꾸 졸고 있다

자울이고 졸고

자울임서 졸면서

자융개 자전거

자장궂다 장난스럽다. 짓궂다

자저들어서 사그라들어서

작씬 매우

작어졌다 작아졌다

잔줄라서 준비를 해서. 증세를 가라앉혀서

잔: 축에는 못하는 편에는

잔 해보소 좀 해 보소

잘 절

잘나잖은 못난

잘 헝가 잘 하는가

잠 좀

잠 냉가라 좀 남겨라

잠뱅이 무릎까지 내려오는 홑바지. 농사일 하는 남자들

의 여름옷

잠소롱   자면서

잠쩔에   잠결에

잠추니   잠충이. 유달리 잠을 많이 자는 사람

잠푸:헌 날   바람이 없는 날

잡는내키 / 장끼막질   술래잡기

잡두리   단속

잡쌍시러버라   별스러워라

잡찌샀냐   자꾸 나무라냐. 자꾸 꾸짖냐

잡치져서   지쳐서

잣씩꾸먼   자칫하면

잣어내고   지어내고

장:개   장가

장 그래쌍께   항상 그렇게 하니까

장 그렁깨로   늘 그러니까

장 그렇지   늘 그렇지

장꽁   장끼. 수꿩

장끄방   장독대

장낭구   긴 막대기

장닭 수탉

장:딴지 종아리

장:무새 간장, 된장 등의 양념들

장:사 힘이 센 사람. 씨름판에서 이긴 사람

장수 물건을 파는 사람. 장사. 상인

장오 암수

장이바치 물건 만드는 사람을 낮춰 부르는 말

장:을 씨고 장담을 하고. 큰소리를 치고

장창겉이 처음부터 끝까지 강하게

재:놓고 쌓아 놓고

재:다 빠르다

재리라 줄여라

재볼가리 하고 또 하고. 한 것을 또 하고

재:집 / 지아집 기와집

재찌바찌:허다 거만하다

재핀시러버서 편하고 한가해서

잽힐라 잡힐라

잽힐 손 없이 어설프게. 손에 익숙하지 않은

잿물 옛날 양잿물이 들어오기 전에 빨래할 때 쓰던 세제

(볏짚이나 콩깍지를 태운 재를 시루에 쪄서 끓는
물을 부어서 내린 물)

쟁:을 떨고   꾸중 들을 짓을 하고

쟁:질바져서   짓궂어서

쟁:질밧다   별스런 장난을 잘 한다

저꺼바야   겪어 봐야

저꺼봉께   겪어 보니까

저끄다   겪다

저끔내기로   번갈아 가며

저다가   그래서

저리도   저렇게도

저박지   높이는 동이 절반쯤이고, 넓이는 조금 넓은 옹기

저서라   저어라

저실   겨울

저실에 / 삼동에   겨울에

저저이   낱낱이. 모두 다. 하는 일마다

저제   저자. 시장

저젯 것   막내

저:참에   저번에

저트랑 겨드랑

적끔내기로 와서 번갈아 와서

적:때 저번에. 이전에

적:이나 다소나마

전: 전유어

전거없는 전에 없었던

전내기로 진국으로

전디다 견디다

전딜심 견디는 힘. 참을성

전:잎 채소 겉잎이 누렇게 변한 것

전주다 위협하다

전해갖고 재어 갖고. 맞대 갖고

절리다 결리다

절이 / 질이 겉절이

절절해서 간절해서

절퉁허다 원통하다

점:드락 온종일. 저물도록

점찍어놓고 봐 놓고. 마음에 두고

접사둔 겹사돈

접으로　겹으로

접치다　겹치다

젓:가지　곁가지(필요 없는)

젓꾼들　소속된 사람들(어부들)

젓방살이　셋방살이

젓트로　곁으로

정개로 허고　안 좋았던 일을 꼭 말을 하고

정끼　경기. 주로 아이들이 고열이 나거나 놀라서 경련
을 일으키는 증세

정내미　정나미

정:때참에　오후에. 오후쯤에

정:심때　점심때

정지로　부엌으로

정지칼　부엌칼

정항이　경황이

젖꼭때기　무화과

젙에　곁에

젙엣사람이　같이 사는 사람이

제:비　제 아비

조갈치 국자

조구 조기

조근조근 자세히. 빠짐없이

조금밥 식사량이 많았다 적었다 하는 것

조단:조단 차근차근

조:라 주어라

조락 / 조마니 크고 긴 주머니

조:래 조리

조롱태만헌거이 어린 것이. 쪼그마한 애가

조름조름허니 주름이 잡힌 모양

조막만:헌 거이 / 쪼맨:헌 거이 주먹만 한 것이. 조그만 것
이. 어린 것이

조만이 나서 / 조망이 나서 자만심이 나서. 건방이 들어서

조삼비리서 자주 챙겨서

조삼:조삼 조금씩 조금씩

조:씨꺼나 주었을까

조잠배기뿌리고 다 없애 버리고

조재기뿌리고 못 쓰게 만들어 버리고. 없애 버리고

조천방을 대:고 (자꾸) 재촉을 하고

174

조캐딸　조카딸

존장치게　비교도 안 되게

졸:갑씨럽다　차분하지 못하다. 촐싹거린다

졸갱을 치고　죽을 고생을 하고

졸래졸래　졸랑졸랑

졸배졸배　새끼줄을 동그랗게 둘러서 쌓아올린 모양

좀씨　체구가 작은 사람

좀을 볶아서　안절부절못해서. 조급해서

좁으장허고　좁다랗고

종가서　미행을 해서. 몰래 살펴서

종그래미　아주 작은 바가지

종그래미부리듯　종그래미 사용하듯. 종을 부리듯

종깨 / 종:깨로　좋으니까

종내기　종류

종우때기　종이 조각

종지기　종지

종지먹을 대:고　재촉을 하고. 주먹으로 을러대며 다그치고

종짓불 / 초꼬지　석유 등잔불

좋드라　좋더라

죄:라　조여라

죄:지　모두 다

죙:허다　조용하다

주념버리　주전부리

주둥빼기 / 주둥아리　입의 속된 말

주:모팅이　정품이 아닌 것. 주워 모은 것

주벅　주걱

주:서　꿰매서

주전다구없다 / 주전대기없다　주제넘다. 주제를 모른다.
제 분수에 넘게 건방지다

주친 닭겉이　날갯죽지가 처진 기죽은 닭처럼

죽 떠묵은 자리　무슨 일을 저질러 놓고 감쪽같이 티가 안
나게 해 놓은 것

준깨로　주니까

준:둑을　심술을. 투정을

준:득을 부리싼깨　자꾸 심술을 부려서

준애　준치

줄:랑가　주려는가

줄외　큰 잡초에서 열린, 탁구공만 한 참외 모양의 타원

형 식용 열매

중: 스님

중신 중매

중우적삼 (남자들) 여름 바지저고리. 고의적삼

중절머리 소갈머리

쮈이서 / 줄이서 줄여서

쥐:박어 뿌리고 주먹으로 약하게 때려 버리고

쥐틀 쥐덫

즈그 땀새 자기들 때문에

즈그집이서 자기 집에서

즈려 살짝이. 살짝

지겁에 경계에

지겁이 나서 자국이 나서

지경:지경 간간이

지경조대로 시시때때로

지글씨:다 몰입하다

지글씨고 집중하고

지금비리서 음식 먹을 때 흙이 씹혀서

지금을 내:고 분가를 시키고

지까장은   제 딴에는

지까진거   제까짓 것

지:꺼리 / 짐치꺼리   김칫거리. 김치 담글 재료

지끄락   젓가락

지:끼다 / 지:대다   기대다

지냥으로   자기 마음대로

지니고   가지고

지달려라 / 지달리라   기다려라

지달린다   기다린다

지담:허다   기다랗다

지대로   제대로

지:대지 마러라   기대지 마라

지:덕 / 지:득   질흙(질그릇 만드는 차진 흙)

지:덕물이   진흙물이

지둥   기둥

지:라껄   별것도 아닌 것을

지라:서   길러서

지라서 / 지:라서   제풀에. 자기가 알아서

지라죽:헌 걸로   길쭉한 것으로

178

지랄 용천을 헝깨   해서는 안 될 짓을 하니까

지레기   길이

지루다   기르다

지름   기름

지리니 가리니   이런 것 저런 것 모두 갖춰서

지맛대로   제멋대로

지:미 / 지에미   제 어미

지:발   제발

지:발 덕군에   제발 덕분에. 간절히 바라건대

지벙쿠   지붕

지:비   제비

지:사   제사

지사서   만들어서. 모양을 갖춰서

지삿날   제삿날

지서리   짓. 짓거리

지섰드라   자랐더라

지순다   만든다. 하는 일에 걸맞은 모양으로 만든다

지시철에   제철에. 제 시절에(시절 - 1년을 4절로 구분한
　　　　　　한동안)

지심 잡초

지심 매고 김매고. 잡초 뽑고

지심 매로 잡초 뽑으러

지아깨미 기와 조각

지아집 / 재:집 기와집

지알리다 제하다. 챙겨 놓다

지알리서 챙겨서

지약씨럽게 잊지 않고. 빈틈없게

지와 기와

지:왕 기왕

지운깨 부족하니까. 기울어지니까. 한쪽이 낮으니까

지운다고 기운다고. 치우친다고

지워서 (호강에) 겨워서

지워서 (힘들어서) 지쳐서

지재기 두더지

지저근일이 예삿일이

지저금 / 직저금 제각각. 제각기

지:집 계집

지찔러서 접질려서

지천　꾸지람

지침　기침

지 터수에　자기 분수에. 그 형편에

지팽이　지팡이

지푸다　깊다

지푸랑구　지푸라기

지해놓고　제해 놓고

직사　즉사

직이는갑다　죽이는가 봐

직이라직이　나를 죽여라, 죽여(싸울 때)

직저금　제각기

진드카리　진드기

진:빙　긴 병. 오래된 병

진:작에　이전에. 진즉에

진지꼽자구　너무 타산적이고 좀스러운 사람을 이르는 말

진차갖고　모아 가지고

진태미　먼지와 자잘한 쓰레기

짇:다　(우물에서 물을) 긷다

질　길

질갓에　길가에

질개 죽껐다　빨리 죽겠다. 미리 죽겠다

질개로 묵고　(식사 시간이 되기 전에) 때 이르게 먹고

질난이　어떤 일에 길들여진 사람

질:다　길다

질:로　제일

질:로 몬제　제일 먼저

질속이 없어　질서가 없어

질쌈　길쌈

질업은　앞날은

질을 디리농께　길들여 놓으니까

질정　기준. 규칙. 순서

짐: / 해우　(먹는) 김. 해조류

짐:　김. 수증기

짐:이 시리서　(뜨거운) 김이 배어들어서

짐작을　예측을

짐장　김장

짐치담었다　김치 담갔다

집시렁　기스락. 초가의 처마 끝

집쌔기 짚신. 짚으로 엮어 만든 신

집씨랑물 / 집씨렁물 지지랑물. 비가 온 뒤 초가집 처마
에서 떨어지는 빗물(쇠오줌 빛깔
물)

집이가 당신이. 그쪽이(남을 상대할 경우)

집집마동 집집마다

집찌다 흥이 나서 어우러졌다

짓거리 짓. 행동. 좋지 않은 행동

짓끄락 젓가락

징개귀천이 없이 바빠서 이것저것(귀한 것 천한 것) 가릴
수 없이

징상시럽다 징그럽다

징:어리 정어리

짚검부적 헝클어진 지푸라기. 부스러진 지푸라기

짚동겉이 짚을 엮어서 말아 둔 것 같이. 많이 부은 모습

짚쌔기 짚신, 볏짚으로 엮어 만든 신

짚으다 깊다

짜구나겄다 배 터지겠다

짜드라서 시달려서

짜리다 짧다

짜리몽땅허다 땅딸막하다

짜박끼리고 서투른 걸음걸이로 걷는 모습

짜버라 짜다

짜웃:짜웃 갸웃갸웃

짜잔허다 지저분하다

짜투리 / 짜트매기 쓰다가 남은 조각 천

짝개 기저귀

짝수발 요즘의 옷걸이처럼 생긴 나무를 장독 옆에 세워
　　　　　두고 소쿠리, 망태 등을 걸어 놓고 쓰던 도구

짝짝이 제 짝이 아닌 것

짠:허다 가엾다

짤라뿌러라 잘라 버려라

짤라서 잘라서

짤라서 짧아서

짤박:허니 건더기와 국물이 적당하게(국물을 적게 하는
　　　　　음식)

짤:쑥허다 잘록하다

짬이 안 나서 시간이 안 나서

짭띠:짭다 아주 짜다

짭짤:허다 약간 짜다

짭:짭허다 심심하다. 할 일이 없어 지루하고 재미가 없다

짭쪼롬:허다 조금 짠 듯하다

짯씩꾸먼 자칫하면

짱애 장어

짱짱:허다 힘이 아주 좋다

짱치뿌렀다 못 쓰게 되었다. 제대로 크지 못했다

째:깜만 / 쪼깜만 조금만

째끼 조끼

째끼나것다 쫓겨나겠다

째인다 (옷이) 꽉 낀다

째인다 매우 보기 좋다. 어울린다

째:졌다 찢어졌다

쨈매갓꼬 동여매 가지고

쨈매조라 묶어 줘라

쩌입다 껴입다

쩔뚝끼린다 절룩거린다

쪼가리 조각

쪼그랑탱이　쭈그러져서 못 쓰게 된 물건

쪼깐거이　작은 것이(아이)

쪼:깐이　조금만

쪼깐이　키가 작은 사람. 조그마한 사람

쪼깜이라도　조금이라도

쪼락때기　폭우

쪼락때기가 졌다　나뭇가지에 열매가 많이 달린 모양

쪼로빼고　(눈꼴사납게) 거드름을 피우고

쪼릿쪼릿허고 / 쪼릿쪼릿해서　조바심이 나고. 애태우고

마음 졸여서

쪼릿쫑이 나서　조바심이 나서

쪼부장:허게　좁다랗게

쪼사묵께　쪼아 먹게

쪼시개　조새(굴 까는 도구)

쪼시락:허다　쩨쩨하다

쪼시락:헌　소소한. 하찮은

쪼작끼리고　불편한 걸음걸이로

쪼치기상　손님을 보내기 직전에 차리는 상

쪽도리　족두리

쪽찌깨　족집게

쫄가리　줄기 속의 심

쫄따구　졸개

쫄았다　마음 졸였다. 긴장했다

쫌:팽이　좀스러운 사람

쫍아서　좁아서

쫏아서　쪼아서

쫑들쫑들허다　비를 맞은 싱싱한 풀의 모습

쫑치뿌리고　망쳐 버리고

쬐:깐허다　쪼그마하다

쬐:끔　쪼끔

쭈끼미　주꾸미

쭉쟁이　쭉정이. 알이 들지 않은 껍질

쭐거리　줄기

찌:꺽　갑자기

찌:끄러뿌러라　엎질러 버려라

찌끄레기　찌꺼기

찌끔 찌끔　찔끔 찔끔. 조금씩 조금씩

찌끔　덤. 우수. 값어치 외의 것

찌다　부족하다. 못 미치다

찌:다　끼다

찌:대고　기대고. 의지하고

찌럭:찌럭　집적집적. 싫어하는데도 계속 장난질로 건드
　　　　리는 모습

찌럭찌럭　질척질척

찌부딩딩:허다　몸이 축 늘어지고 기분이 언짢은 상태다

찌뿌등해서　못마땅해서

찌:서　찧어서

찌시래기　찌꺼기

찌웃:찌웃　기웃기웃

찌이서　켕겨서. 마음에 걸려서

찌찌　아기들에게 더러운 것이라는 뜻으로 하는 말

찍개　집게

찍:뜨라서　끼었어서

찐:치라　연을 날리기 시작할 때 멀리서 연을 들고 높이
　　　　올려주는 것

찔거서　질겨서

찔구꽃　찔레꽃

찔벅끼리다 / 찔벡이다   집적거리다. 옆구리를 쿡쿡 찌르다

찔벅:허다   질퍽질퍽하다

찔:쭉허다   길쭉하다

찔찌시미   한사코

찔퍽찔퍽   질척질척

찜방겉이   방 안에만 들어박혀 있는

찝어싸:서   자꾸 꼬집어서

찡가 여:라   끼워 넣어라

찡구다   끼우다

찡깄다   끼었다

찧고 까부리고   이랬다저랬다 변덕을 부리고

여수시 돌산 향일암의 절경. 전국적인 해돋이 명소로 손꼽혀 관광객
이 끊이지 않는 향일암은 눈에 담기는 모든 곳이 절경을 이룬다.

여숫말은 개미지다
전라남도 여수·돌산지역 사투리

차나락 찰벼

차복차복 차곡차곡

차붕깨 차니까

찬절이 나서 찬 기운이 나와서

찬:찬이 천천히

찰떡 인절미

찰박지다 찰지다

찰서:숙 차조

참꽃 진달래

참조구 참조기

참:참이 때맞춰서

찹디:찹다 차디차다. 아주 차다. 매우 차다

찹은바람 찬바람

찻머리 기차역

창사 창자

창아리　속마음. 창자를 속되게 표현하는 말

창:창 감어서　칭칭 감아서

채나좋다　더욱 좋다

채러본다　쳐다본다

채리고　(밥상을) 차리고

채리고　옷을 차려입고

채양　차양. 볕을 가리거나 비를 막기 위해 처마 끝에 덧
　　　붙인 것

책인허다　침착하다. 착실하다

챔빗　참빗. 빗살을 촘촘하게 만든 빗

처질라뿌리고　태워 버리고

처:처이　하는 짓마다

천:디기 / 천:덕꾸래기　천덕꾸러기

천불이 난다　엄청 화가 난다

천상　틀림없이

천:신도 못했다　자기 몫도 못 챙겼다

천없이도　기필코. 꼭

첨인깨　처음이니까

청간재비맹키로　청렴한 사람처럼. 착실한 사람같이

쳇머리 / 쳇머리로 흔드리고 병적으로 머리를 계속 좌우로
움직이는 모습

쳐였코 밀어 넣고

쳐질러라 불살라라

초롱불 호롱불

초정에 정초에. 애초에

초집 초가. 초가집

초차드메 (맨)처음에

촉새 들은 말을 금방 옮기는 사람

촌:푹심이 시골뜨기

촐랍싸니 촐싹거리는 사람. 경솔한 사람

추근:추근 천천히. 표준어 추근추근과는 다른 뜻

추낭구 독과 비슷한 옹기. 독보다 조금 작은 것

추벗씬깨 추웠으니까

추부깜맹이 추울까 봐

추분갑다 추운가 보다

추지다 / 추져서 축축하다. 축축해서

축이 나고 줄어들고

춤 침. 타액

춤 맞다   침을 맞다(한방)

충니충니   빠짐없이

치   체. 가루를 치거나 액체를 거를 때 쓰는 도구

치:라   치워라. 비켜라

치리서   추려서. 골라서

치매   치마

치먼:허게   가득하게

치:복으로   하고 또 하고

치:불다 / 치:뿌렀다   치워 버렸다

치:뿌린다고   치워 버린다고

치:사가 떴어   칭찬이 자자해

치:치: 비켜 비켜

치키시:라   치켜세워라. 칭찬을 해라

칭갯다리   층계. 층층대

칭이   키

칭하가   차이가

여숫말은 개미지다
전라남도 여수·돌산지역 사투리

카카리 / 캐카리 / 캐까리 깨끗이

칼로 애린 것맹키로 칼로 벤 것처럼

칼:칼허다 아주 깨끗하다

캉:캄허다 깜깜하다

캐 코

캐똥도 안 낀다 콧방귀도 안 뀐다. 전혀 반응이 없다

캐로 기리고 코를 골고

캐빼기도 안 배기고 콧등도 안 보이고. 오지도 않고

캐칼허다 깨끗하다

컸인깨 컸으니까

콩깍때기 콩깍지

콩너물 콩나물. 조리한 콩나물

콩 숭것뜬 디에 콩 심었던 땅에

콩지름 날콩나물

콩지름 콩기름

크담:허다　커다랗다

큼성 / 큼시롱　크면서

큼깨로　크니까

킨:다고　키운다고

여수시 중흥동 흥국사 입구에 있는 홍교. 지금까지 알려진 무지개 모양의 돌다리 가운데 가장 높고 길다. 다리의 아름다운 선과 돌담이 볼수록 정겹다.

타

여숫말은 개미지다
전라남도 여수·돌산지역 사투리

타갰다　닮았다

타리박 / 들박　두레박

타불타불　길지 않고 짤막짤막하다

타시락 / 티시럭　티격태격

타자뿌리고　태워 버리고

탁배기　막걸리. 농주

탄을 해서　말 상대를 해서

탈래:탈래　터덜터덜

탐두다 / 통겁다　두껍다. 굵다. 표준어로는 정확하게 설명하기가 어려움.

탐:탐허고　아무 생각 없이. 생각하지도 않고

태:까락　거만하게

태:까락을 부리고　거드름을 피우고. 거만하게 행동을 하고

태:산겉다　아주 많다

택　턱

택도 없다　어림도 없다

택아리 / 택쪼가리　턱의 속된 말

택택허다　살림살이가 넉넉하다

탠:허다 / 탠:허게　태연하다. 태연하게

탱글탱글　튼실하게 잘 여문 모양

터자서　터뜨려서

턱찌근해서　(하는 짓이) 더러워서. 치사해서

털판이　조신하지 못한 사람. 함부로 행동하는 사람

텀턱씨럽다　너무 부풀린다. 너무 과장한다

톰박 겉은 눈물　설움이 북받쳐서 우는 모습을 과장해서
　　　　　하는 말

톰박　두텁고 굵은 물건. 두꺼운 나무토막

톰박니 / 굵은 이　옛날 겨울철에 몸에서 생기던 벌레. 굵
　　　　　은 벌레

통구맹이　조그마한 배. 돛이 없는 작은 배

통시　변소

통시 출입을　변소에는 다닌다고

통아리　배앓이

퇴깽이 / 태까니 / 퇴깐이　토끼

투가리　요즘의 양푼처럼 사용하던 작은 옹기

투리가　안 좋은 습관이. 못된 성질이

투방 / 퉁　면박

툭깔시러버라　과장이 심하다. 너무 과하게 부풀려 말할
때

툭시발　옹기대접. 툭사발

퉁겁다　두껍다. 두텁다

퉤:서　끓는 물에 잠깐 익혀서

트저구로 뜯고　트집을 잡고. 심통을 부리고

트집머리　고집대로 하려는 생각

트집머리가 씨:서　고집이 세서

틈자구　틈새

틉지다　진하다

티미허다　둔하다. 미련하다

티저구 / 트자구　트집

티저구로 뜯어서　트집을 잡아서

티커게 배기드라　두꺼워 보이더라

팅기다　퉁기다

여숫말은 개미지다

전라남도 여수·돌산지역 사투리

판가림 판가름. 시시비비나 우열을 판단하여 가름.

판때기 좁은 판자 조각

판절사 말다툼이 있을 때 나서서 잘잘못을 가려 주는 사람

팔둣것이 팔도 것이. 온갖 것이

팔푼이 조금 모자라는 사람

패 쪽파

패롭해서 야위어서

패:뿌렀다 때려 버렸다

팼다 나무를 쪼갰다

팼다 때렸다

팽지 / 핑지 평지. 편편한 땅

퍼렁색 초록색

퍼부서놓고 말을 마구 해 대 놓고

퍼부서놓고 물을 퍼서 부어 놓고

퍼실퍼실 버슬버슬

퍼졌다 (곡식이) 삶아졌다

퍼질러 앉어서 다리를 아무렇게나 벌리고 앉아서. 안 좋
은 모양새로 앉아서

퍼찌:끄라뿌리고 마구 끼얹어 버리고

펀:펀이 빈둥빈둥 놀기만 하는

포:독씨럽께 / 포:드락시럽게 표독스럽게. 사납고 독하게

포:은이 돼서 소원이 돼서

포깍질 / 폴깍질 딸꾹질

포꾸마리 팔꿈치

포래 파래

포리 파리

포지개서 포개서

폭지 포기

폰:이 대서 소원이 되어서

폴 팔

폴구 자버서 팔고 싶어서

폴깍질 딸꾹질

폴랑께 팔려고 하니까

폴씨름 팔씨름

폴짱만 찌고   팔짱만 끼고. 방관자의 모습

폽   팥

푸나무 / 풋나무   봄, 여름에 나뭇잎이 떨어지기 전에 땔
감으로 쓰려고 채취한 나무

푸드락찌게   푸짐하게

푸딱찐걸   볼품없는 것을. 많지 않은 것을

푸새머리   잡초처럼 헝클어진 머리

푸새 좋은   옷에 풀을 먹여 잘 다려서 매끄럽게 보기 좋은

푸접이 없잉깨   의지할 곳이 없으니까

푸지다   푸짐하다

푼단:허다   느긋하다. 넉넉하다

푼더:분허니   형편에 맞지 않게 넉넉하니

푼돈   잔돈. 동전

푼산   어지럽게 흩어져 있는 모양

푼산을 허고   여기저기 흩트려 놓고

풀때죽   옛날 흉년에 풀처럼 묽게 쑨 죽

풀빨이 선   빳빳한

풋거리   푸성귀. 채소

풋꼿   학질

풋딱지다　보잘것없다. 많지 않다

풍청기리고　돈이나 물건을 아끼지 않고 쓰고

풍청풍청　흥청망청

피:라　퍼라

피마자　아주까리

피알　좁쌀 알갱이

핀 갈라서 / 핀 짜갖고　편을 나누어서

핀들어서　편들어서

핀:지　편지

핀찬해서　편하지 않아서

필나구가　싹수가

핏:드라　피었더라

핏시방구　소리가 안 난 방귀

핑겡이　풍뎅이

핑기라　멀리 넓게 뿌려라

핑기라　물을 조금씩 뿌려라(조리할 때)

핑: 댕기오니라　빨리 다녀오너라

핑:상　언제나. 늘. 평생

핑:허니　곧바로

여숫말은 개미지다

전라남도 여수·돌산지역 사투리

하그찮다　가소롭다

하나쌔　할아버지를 얕잡아 부르는 말

하느바람　하늬바람. 북풍

하늘강생이　땅강아지

하늘땡깔　꽈리나무 열매. 껍질과 알이 빨갛게 익으면 열
매 속만 파내고 풍선처럼 만들어 분다.

하늘색　파랑색

하늘을 씨고　머리 위에 하늘을 두고. 하느님이 보시는 것
을 모르고

하다 종깨로　하도 좋으니까

하:리　화로

하리내:　하루 종일

하리살이　하루살이

하:릿불　화롯불

하매　지금쯤

하매나 이제나

하매 다 했냐 지금쯤 다 했냐

하:먼 아무렴

하먼 그렇지

하먼:하먼 그럼 그럼

하:빠리 하급품

하술리 이기고 업신여기고

하이:고 아이고. 어이가 없을 때 내뱉는 말

하지개로 지:서 다른 사람의 두 팔을 뒤로 젖혀 잡아서

하짓감자 감자

하찬해서 보잘것없어서

학개 학교

학상 학생

학을 띠겄다 정떨어지겠다

한그석 한 그릇 가득

한꾼에 함께. 한 무리에. 같이

한다리가 짤라서 한쪽 다리가 짧아서. 한쪽이 기울어서
(주로 형편이)

한닥뜨래기 한바탕

한 대왈　한 대접. 국그릇으로 한 그릇

한 덤버지　한 덩어리(주먹만 한)

한 되지기　한 되의 씨를 뿌릴 수 있는 넓이의 땅

한 둥치　한 뭉치

한 똥가리　한 토막

한 마지기　한 말의 씨를 뿌릴 수 있는 넓이의 땅. 밭 1마
　　　　지기는 100평. 논 1마지기는 200평

한 모심　한 묶음

한 바꾸　한 바퀴

한 볼태기　크게 한입 먹기

한:동자　끼니때가 지났을 때

한아부지 / 할아부지　할아버지

한악빨　한입 가득

한앙찰　한 뭉텅이로 헝클어진 모양. 한 덩이로 잘못 엉
　　　　켜 붙은 모양

한:영　늘. 항상

한저실에　한겨울에

한쪽이 모지라져서　한쪽이 없어져서

한 커리　한 켤레

한핀짝에 한쪽에. 한편에

한:핑상 한평생. 일평생

한행비 한 번 왕복

할딱 빗기서 발가벗겨서

할딱쟁:이 꼴딱쨍:이 옛날 여름에 어린 남자애들이 홀랑
벗고 길에 나오면 노래처럼 곡을
넣어 놀리는 말

할무니 할머니

함보라 / 함보래 아예. 애초부터. 당초부터

함부디리 함부로

함쌔 할머니를 함부로 부르는 말

합:뿍 가득

항: 그럼

해가 설풋:허면 해가 뉘엿뉘엿하면

해거름에 해질녘에

해거붕께 가벼우니까

해겁다 가볍다

해:금 해감

해:나 행여나. 혹시나

해달음을 치고   급하게 달려서

해라 와: 해라, 응(와는 강조의 뜻)

해런을허고   소원을 풀고. 원풀이를 하고

해:볼라치먼   해 볼 것 같으면. 해 보려면

해봄부라져서   후줄근해져서. 나른해져서

해:부렀다 / 해뿌리고   해 버렸다. 해 버리고

해:불라   해 버릴까 보다

해:뿌린께   해 버리니까

해:심   해삼

해:싼께   자꾸 하니까

해 쌌드라   자꾸만 하더라

해쌓고   자꾸만 하고

해씽께   했으니까

해조농:께   해 주니까

해포래   해파리

해:차리   회초리

햇까닥해서   비위에 거슬리는 말을 듣고 불시로 울화가
　　　　　　　치밀어서 정상적이 아닌 상태에서. 정상적
　　　　　　　인 정신 상태가 아닐 때

했인깨　했으니까

했일상 보린디　했을 성싶은데

했임서 / 했임소롱　했으면서

했입띵깨　했던가요? 했었습니까?

행기피　행주

행사로　행동을. 하는 일을. 하는 짓을

허고낭께　하고 나니까

허고잡지　하고 싶지

허구쩡이　시장기가

허그라 졌씨꺼이다　무너졌을 것이다

허그라져서　무너져서

허꺼이지　할 것이지

허껏맹키로　할 것 같이

허는 짐에　하는 김에

허는거이그덩　하는 것이거든

허니라고　하느라고

허다가　하다가

허대끼　하듯이

허드람서　하더라면서

허랑깨 하라니까

허방 움푹 패인 땅

허벅지게 푸짐하게

허벌나게 많이. 엄청나게

허부렁에 더러운 구덩이에. 난처한 입장에

허부렁에다 쳐옇고 나쁜 사람으로 몰아세우고

허분허분해서 마르지 않고 좀 촉촉하고 부드러워서(요
즘의 케이크 정도)

허불며 떠불며 허둥지둥 소란스럽게

허뿌나무 / 헛뿌나무 헛일한다 하고

허세비 허수아비

허소 하게

허싯씨꼬 하셨을까

허이다 하시오

허잖케 볼품없게

허접허다 부족하고 안 좋다

허지맹 하지 그럼

허치놓고 흩트려 놓고. 쏟아 놓고(적은 양)

허치다 흘리다

허치뿌러라　뿌려 버려라

허풍대풍　이 말 저 말 믿을 수 없이 하는 말

헌 것 겉은디　한 것 같은데

헌 것맹키로　한 것처럼

헌:것맹키다　헌 것 같다. 새것 같지 않다

헌깨　하니까

헌다　한다

헌당깨　한다니까

헌:살갱이　너무 헐어서 못 쓰게 된 물건

헐:랍닝께　하시렵니까?

헐:랑가　하려는가

헐끈　허리띠

헐라고　하려고

헐라다가　하려고 하다가

헐렁벌렁　단정하지 못한 모습

헐레벌레　숨가쁘게

헐썩씨　하기는커녕

헛깜맹이　할까 봐

헛껏맹키로　할 것처럼

헛침소롱　흩뿌리면서. 흘리면서

헝겊떼기　헝겊 조각

헝께　하니까

헤:미 / 히:미　헤엄

호껍시럽다　호들갑스럽다

호껍쟁이　호들갑쟁이

호닥호닥　잔뜩 화가 나서 가만있지 못하는 모습

호도　호두

호랭이　호랑이

호랭이 장:개간다　해가 있는데 빗방울이 떨어질 때

호론:허니　묽어서 부드럽게

호리낭창　호리호리하고 날씬한

호멩이　호미

호부래비　홀아비

호얏불　석유 램프. 둥근 유리로 바람막이를 한 등(호롱
　　　과는 다름)

혹썩을 떨고　수선을 피우고. 수선스러운 행동을 많이 하고

혼차　혼자

혼차 엎지씽께　혼자 사니까. 남편이 없으니까

홀:가내서 유혹을 해서

홀깡허다 홀쭉하다

홀라당 남김없이

홀래끼 올가미

홀:랴서 유혹해서

홀:류꿍깨 유혹을 하니까

홀맺힌 매듭을 지은

홀애비 홀아비

홀치기 파래와 비슷한데 자잘하고 얇고 부드럽다. 가사
리 국에 넣어 끓인다.

홉빡 / 합:뿍 흠뻑

홋딱허고 홀딱하고

홍대 길이 15cm 정도의 굵은 새우

홍을홍을허게 말랑말랑하게

홍자 횡재

회리바람 회오리바람

회바가지로 씨고 지나치게 화장을 해서 보기가 안 좋거
나 못마땅할 때

회올시럽께 정직하지 못하게

후딱후딱   빨리빨리

후:숭나게   후하게. 인심 좋게

후줄근:허니   비 맞은 것처럼

훌딲아씨:고   몹시 꾸짖어 몰아세우고

훌딲어묵고   허겁지겁 다 먹고

훌:래당   훈련장

훌러덩:허게   국물이 너무나 많게(안 좋은 뜻)

훌비딱:허니   바쁘게 서둘러서. 바쁜 일이 있는 것 같이

훌치서   긁혀서

훙:친께   휘몰아치니까

훨썩   훨씬

휑:헌께 / 휑:허다   순진한 사람이 아니니까. 순박하지 않다

휘:깨질을 허고   힘들어서 휘 한숨을 쉬고

휘딱   후딱

휘미져서 / 외져서   후미져서. 산길이 호젓하고 너무 깊어서

흐레   물때. 물 찌꺼기

흐레   이끼

흐북:허다   충분하다

흑:쪼구   더러운 찌꺼기

흔연시럽께   아무렇지도 않게

흘:룽할:룽   게으름을 피우는 모습

흘:망을 떨고   게으름을 피우고. 공연한 짓을 하고

흙구덕에   흙구덩이에

흠:척 없이   흔적 없이

흠:꾸덕을 하고   남의 허물을 짓궂게 퍼뜨리고

흡:씬   흠뻑

흥구덕을 허고   흉을 보고

흥그래태:롱   일을 하면서 가사는 들리지 않게 흥얼거리
　　　　　　는 타령

흥덩:허다   흥건하다

흥떵:허게   흐리멍덩하게. 분명하지 않게

흥:숭항:숭   이렇게 했다가 저렇게 했다가

희민을 주고   선심을 쓰고

희정시럽다   희고 탐스럽다

희:커니   하얗게

흰창   눈 흰자위

히대졌드라   많이 있더라

히:뜩 삐:뜩   변덕을 부리는 행태

히마리　힘

히마리가 없다　힘이 없다. 기운이 없다

히:방을 치고　훼방을 놓고. 남의 일을 방해하고

히비파다　후벼 파다. 들춰내다

히엄　헤엄

히:캐져서　하얘져서

히:커다　하얗다

히퍼서　헤퍼서

힐기고　흘기고

힐끔기리다　힐끔거리다

힛:뜩허다　썰렁하다. 둘이 살다가 혼자만 남은 사람의
　　　　　　허전한 느낌

힝핀　형편

속담, 관용어

가난헌 집구석 지:사 돌아오대끼

가난한 집에 제사 돌아오듯이

— 궁색한 형편에 돈 나갈 일이 자주 생긴다는 뜻

가는 소님은 뒤:꼭지가 이:쁘다

얼른 가시는 손님은 뒤통수가 예쁘다

— 가난해서 손님 대접하기 어려운데 빨리 가니까 뒷모
습이 예쁘다는 말

가실에 못 지낸 지:사로 봄에는 지내까

가을철에도 못 지낸 제사를 봄에 지낼 수 있을까

— 넉넉할 때도 하기 어려운데 궁할 때 할 수 있겠느냐는 말

간다간다 험소롱 아: 셋 낳고 간다

간다 간다 하면서 아이 셋을 낳고 간다

— 말로는 한다 한다 하고 질질 끌면서 실행하지 못할 때
빗대는 말

감나무 밑에 누:서 홍시 떨어지기 바랜다

감나무 아래 누워서 홍시가 뚝 떨어지기만 바란다

— 노력도 하지 않고 무리하게 과한 것을 기대할 때 비꼬
는 말

개까죽을 둘러썼다

개같이 보인다

— 행실이 사람답지 못할 때 하는 말

개: 꼬막 보기

개가 꼬막을 보기

— 욕심은 나지만 가질 수 없다는 말

개똥도 약에 씰라먼 없다

흔한 개똥도 약으로 쓰려면 없다

— 하찮은 것도 필요할 때는 없다는 말

걱정이 반찬이면 상따리가 뿔라진다   걱정이 반찬이라면 상
다리가 부러진다

— 세상살이가 너무 어려워서 근심 걱정이 쌓여 있다는
뜻

건네다 보면 절터요, 쩍 허면 입맛이지   하는 짓을 보면 훤
히 알 수 있다

— 걸핏하면 뭐 얻어 갈 게 있을까, 먹을 것을 주지나 않
을까 하고 바라는 사람을 보고 하는 말

고름이 살 되까?   종기 곪은 데서 나오는 고름이 살이 될
수 있을까?

— 가망이 없는 일이라는 말. 가당치도 않다는 말

공짜라면 양잿물도 마시겠다   거저라면 무엇이든 차지하려
는 사람

— 공짜를 너무 좋아해서 양잿물도 마실 것 같은 사람을
빗대는 말

곽 속에 들어갈 때까장 막말은 허지 마라　관 속에 들어갈 때
까지 말조심을 해라

— 살아 있는 동안 평생 절대로 말을 함부로 해서는 안
　된다는 말

구신 씨나락 까묵는 소리　말이 아닌 소리

— 아무런 의미도 없는 허튼 소리, 실없는 말을 하는 사
　람에게 하는 말

구:싱이 놀래서 자빠지겠다　귀신이 놀라서 넘어지겠다

— 놀랍고 신기한 일이다. 흔한 일이 아니라는 말

기:도 구럭도 다 놓쳤다　게 잡으려다가 망태기도 놓쳤다

— 너무 지나치게 욕심을 부리면 가졌던 것도 잃는다는
　말

기:뚝 속에서 자다가 나왔는갑다　굴뚝 속에서 자다가 나왔
는가 보다

— 상황을 전혀 파악하지 못하고 아무것도 모른다고 할

때 하는 말

기차 화:통을 쌂아 묵었는갑다　옛날 증기 기관차에 불을
지피는 화통을 먹었는가 보다
— 옛날 기적 소리처럼 큰 소리로 떠드는 사람을 두고 하
　는 말

까마구 개기로 묵었는갑다　까마귀 고기를 먹었는가 보다
— 건망증이 심한 사람한테 하는 말

깨고락지도 옴쳐야 띤다　개구리도 움쳐야 뛸 수 있다
— 아무리 급해도 무슨 일이든지 미리 준비를 해야 제대
　로 할 수 있다는 뜻

깨미한테 붕알 띠인다　개미한테 불알 떼인다
— 깔보다가 낭패를 당한다는 뜻

꽁치가 주딩이로 망헌다　꽁치 입이 길다는 특징이 있어서
하는 말

— 입이 가볍고 말이 드세서 화를 자초하는 것을 이르는 말

꽃 안 피는 이월 없고 보리 안 팬 사월 없다　음력 2월이면 꽃 피고 4월이면 보리가 팬다
— 계절의 변화는 어김없다는 뜻

꽃은 반만 핀 것이 곱고 술은 반만 취한 것이 좋다　덜 핀 꽃이 곱고 덜 취한 것이 좋다
— 꽃이 활짝 핀 후에는 져서 떨어지고, 술은 만취하면 좋지 않다. 조금 부족한 듯한 상태가 좋다는 뜻

꾼: 밤에서 싹이 나오기로 지달리지　군밤에서 새싹이 나기를 기다리지
— 아무리 바라고 원해도 가망이 없는 일이라는 말

꿔다논 보릿자리 맹키다　빌려다 놓은 보리 담아 둔 자루와 같다
— 여럿이 모인 자리에서 묵묵히 앉아 있는 사람을 보고 빗대는 말

끈 달아도 못 씨겄다　끈을 달아 봐도 못 쓰겠다

— 아무리 고쳐 봐도 가망이 없겠다는 말

나가 몬제 소매로 걷어야　내가 먼저 나서야

— 내가 솔선수범을 해서 본보기가 되어야 겠다는 생각
을 한다는 뜻

나간 놈 모가치는 있어도 자는 놈 모가치는 없다　나간 사람
몫은 있어도 자는 사람 몫은 없다

— 게으른 사람에게는 혜택이 돌아가지 아니함을 비유적
으로 이르는 말

나이는 쇡이도 몸은 못 쇡인다　나이는 속여도 몸은 속이지
못한다

— 늙어 가는 것은 감출 수 없다는 뜻

나이만 묵으먼 다 어른인가?　나이가 많다고 다 어른인가

— 나이는 많은데 어른답지 못한 행동을 하는 사람을 빗
대는 말

내 서방이 본서방　내 남편이 손꼽는 본 남편

— 미우나 고우나 내 남편이 제일이라는 말

넘으 속에 든 글도 밴다　남의 머릿속에 들어 있는 글도 배

운다

— 남한테서 어려운 글도 배우는데 직접 하는 것을 보면

　못 배울 게 없다는 말

넘이 장에 간당께 거름 지고 나선다　남이 장에 간다고 하니

까 거름을 지고 앞서 간다

— 아무런 생각도, 계획도 없이 남이 하는 것은 무턱대고

　뭐든지 따라서 하려는 사람을 빗대는 말

노리 잡은 몽딩이 삼 년 우린다　노루 때려잡은 몽둥이를

삼 년이나 써 먹는다

— 하찮은 것을 오래도록 우려먹으면서 자랑하는 것을

　비웃는 말

놉샛바람에 송:장도 돌아눕는다   높새바람이 불면 시체도
돌아눕는다

— 높새바람(북동풍)이 불면 시체도 돌아누울 정도로 매
    우 춥다는 말

농사꾼은 죽어도 종자는 비:고 죽는다   농사꾼은 죽을 때도
씨앗은 베고 죽는다

— 농사꾼은 종자를 중요하게 생각해서 죽을 때도 씨앗
    은 챙긴다는 뜻

눈꾸멍에 박꽃이 핏는갑다   눈에 흰 박꽃이 피어서 안 보
이는가 봐

— 누구나 볼 수 있는 것을 못 봤다고 할 때 어이가 없어
    서 하는 말

눈먼 구렝이 깔대밭에 들었다   눈이 안 보이는 구렁이 갈대
밭에 들어갔다

— 헤쳐 나가야 할 것이 많다는 뜻. 시간은 없는데 할 일
    이 너무 많아서 앞이 캄캄하다는 뜻

눈은 까죽이 모지래서 터졌냐　눈은 살가죽(피부)이 모자라서 뚫어졌냐

— 눈은 보라고 있는데 보고도 못 본 체하는 사람을 빗대
　 는 말

눈을 어디에 달고 댕기냐?　눈은 어디에 달려서 앞을 안 보냐?
— 왜 앞을 못 보고 머뭇거리냐?

늘:쌍 허든 빙:도 자리 피놓고 허라먼 못 헌다　평소에 늘 하
던 짓도 자리 펴고 하라면 못 한다
— 여태껏 잘 하던 일도 막상 꼭 필요할 때는 못 한다

늙은 쇠가 여물 마다할까　늙었다고 소가 여물(먹이)을 안
먹으려고 할까
— 늙으면 일은 못 해도 탐욕은 늘어 간다는 뜻

늦게 밴 도독질에 날 새는 줄 모린다　늦게 배운 도둑질에
날이 밝는 줄도 모른다
— 늦게 배운 좋지 않은 일에 몰두해서 푹 빠진다는 말

늦인 밥 묵꼬 새복장 간다　때 늦은 밥을 먹고 장에는 빨리
가려고 한다

— 밥은 늦게 먹고 어서 가자고 서두르는 사람을 보고 비
　꼬는 말

니 살만 살이고 너무 살은 살 아니냐?　네 몸만 소중하고 남
의 몸은 안 귀중하냐

— 제 몸만 아끼는 사람을 두고 하는 말

대가리에 쉬 씰을 놈　머리에 벌레 생길 놈

— 어리석고 미련한 사람을 빗대는 말

대한이 소한 집에 놀로 가서 얼어 죽었단다　대한이 소한 집
에 놀러 가서 얼어 죽었다고 한다

— 소한이 대한보다 훨씬 춥다는 말

도깨비는 방만이로 띠고 구:신은 갱문으로 띤다　도깨비는
방망이로 떼고 귀신은 경문으로 뗀다

— 모든 일에는 경우에 맞는 합당한 방책을 써야 된다는
    뜻

도독맞인 놈 눈에는 도독놈만 배긴다　도둑맞은 사람은 다
훔쳐간 사람으로 보인다
— 도둑맞은 사람이 주위 사람들을 모두 의심할 때 쓰는
    말

도독을 앞으로 잡지 뒤로 잡냐?　도둑은 보고 잡아야지 안
보고는 못 잡는다
— 도둑은 분명한 증거를 가지고 잡아야지 의심하고 추
    측만으로 잡으면 안 된다는 말

독수리도 포리는 못 잡는다　맹수인 독수리도 파리는 못 잡
는다
— 신분에 맞는 일을 해야 성공을 할 수 있다는 뜻

돈만 있이면 개도 멍첨지다　돈만 있으면 개도 대우받는다

— 인간답지 못한 사람도 돈만 많으면 높은 자리에 오르
는 것을 빗대는 말

동냥안치로 살어도 이승이 낫다　거지로 살더라도 이승에
서 사는 게 더 좋다
— 아무리 어려워도 죽지 않고 살아남아 있는 게 좋다는
말

든반 밑에서 수꾸락 주섰다　부엌 선반 밑에서 숟가락을 주
웠다
— 힘들이지 않고 쉽게 얻은 행운이나 물건을 자랑할 때
하는 말

등치고 간 빼 묵는다　어루만지듯 등을 다독이고 간을 빼
어 먹는다
— 겉으로는 위하는 척하면서 귀하고 소중한 것을 빼앗
아 간다는 말

떡 주고 뺨 맞는다　떡을 주고도 뺨을 맞는다

— 잘해 줬는데도 패악을 당할 때를 이르는 말

떨차뿌린 괴기 월척 아닌 거이 없다   낚시하다 놓친 고기는
다 커다란 것이었다고 한다
— 성취하지 못한 일을 더 아쉬워하고 안타깝게 생각한
다는 뜻

똥 누고잡은 지:집 국거리 써리듯   똥 마려운 계집이 국거
리 썰 듯이
— 딴 생각으로 마음이 조급할 때는 무슨 일이든지 제대
로 안 된다는 말

똥 누로 갔다가 금 줏:다   화장실에 갔다가 금반지를 주웠다
— 일상적인 일을 하다가 의외로 큰 횡재를 했다는 말

뜨물에도 아 선다   뜨물만 먹어도 아기가 생긴다
— 노력도 안 했는데 좋은 일이 생긴다는 말

마당 씰고 돈 줏고   마당 쓸면서 돈도 주웠다

— 좋은 일을 하면 손해가 없다는 말

말: 단 집에 가지 말고 장: 단 집에 가라 했다　말 달게 하는
집에 가지 말고 간장이 맛있는 집에 가라고 했다
— 말만 번지르르하게 하는 사람은 정작 해야 할 일은 제
　대로 못 한다는 뜻

말해 봤자 입만 아프다　말을 해 봐도 아무런 효과가 없다
— 무슨 말을 해도 도대체 들어줄 생각도 하지 않는다는
　뜻

말해서 본전도 못 찾었다　말을 잘못해서 손해만 봤다
— 경솔하게 말실수를 해서 망신만 당했다는 뜻

맨발 벗고 쫓아가도 못 따러간다　신발까지 벗고 내달려도
못 따라간다
— 많이 부족해서 도저히 상대에게 못 미친다는 말

모:구 보고 환도 빼기　모기를 잡으려고 군도를 뺀다

— 상황에 맞지 않은 일을 할 때 빗대는 말

모린 나무에 물 내기 마른나무에서 억지로 물 짜내기
— 없는 것을 받아 내려고 억지를 쓰는 것을 비유하는 말

모린 장작이 화력은 좋다 바싹 말린 장작이 화력이 더 좋다
— 야위고 허약해 보이는 사람이 의외로 힘이 세다는 말

목 모린 생:끼 샘물 디리다보기 목마른 송아지 우물 들여다보기
— 결코 가능성이 없는 일에 절실하게 기대를 할 때 하는 말

몬제 본 놈이 임재 먼저 본 사람이 임자
— 주인 없는 물건은 먼저 본 사람이 임자라고 하는 말

묽은 하늘에 날비락 맑은 하늘에서 치는 생벼락
— 예기치 못한 황당한 재난

못난 각씨가 달밤에 삿갓 씨고 나온다　미운 색시가 달밤에 삿갓 쓰고 나온다

— 잘나지도 못한 색시가 미운 짓만 골라서 한다는 말

못난 자석이 소자 된다　못난 자식이 효자 된다

— 잘난 자식들은 도시로 나가고 못난 자식이 부모 모시는 효자가 된다는 말

못 묵는 감 찔러나 보자　못 먹을 감 남도 먹지 못하게 망쳐 놓자

— 내 몫도 못 찾을 바에는 해코지나 해본다는 말

무섭다고 헌께 구신 이약 헌다　무섭다고 하니까 귀신 얘기를 한다

— 불난 집에 부채질 하는 격이라는 말

무시 뽑아묵다가 들린 놈　무 훔쳐 먹다가 들킨 놈

— 못된 짓을 하다가 들킨 사람, 무안해서 머쓱해하는 사람을 비유하는 말

묵자껏 없는 지:사에 잘이 석자리　먹을 것도 없는 제사에 절을 세 번씩이나 한다

— 소득도 없는 일에 수고만 많이 하는 것을 비유하는 말

물은 건:네바야 알고 사람은 젂어봐야 안다　물의 깊이는 건너 봐야 알고 사람 속은 겪어 봐야 안다

— 사람 속은 겉으로 봐서는 모르고 실제로 사귀어 봐야 안다는 뜻

뭣:도 모림소롱 땐자땐헌다　아무것도 모르면서 나댄다는 말

— 제대로 알지도 못하면서 아는 것처럼 잘난 체한다는 말

미꾸람지 속에도 부레풀 들었다　미꾸라지 속에도 부레풀은 들었다

— 하찮게 생각하는 것들도 다 제 할 몫은 한다는 말

미끈덧유월, 어정칠월, 동동팔월이라　유월은 미끄러지듯

빨리 지나고, 칠월은 어정쩡하게 보내고, 팔월은 발을 동
동 구르듯 절박하다

— 농사를 지을 때에는 음력 6월은 밭곡식(콩, 고구마 등)
  씨를 뿌리고 심는 큰일들을 하다보면 금방 지나가 버
  리고, 7월에는 조금 가벼운 일을 하면서 보내다가, 8
  월이 되어 밭곡식이 여물면 시기를 놓치기 전(낟알이
  튕겨 나가기 전)에 가을걷이를 서둘러야 하니까 일손
  은 부족하고 그야말로 발을 동동 구를 정도로 절박하
  게 보낸다는 뜻

미런헌 놈 가심에 고드름이 안 녹는다　미련한 사람 마음에
맺힌 일은 쉽게 안 풀어진다

— 아둔한 사람이 한번 앙심을 품으면 좀처럼 풀리지 않
  는다

미런헌 디는 약도 없다　미련한 사람한테는 아무런 방법이
없다

— 미련한 사람은 어떻게 할 수 있는 대책이 없다

바구로 보고 말을 허지　바위를 보고 말을 하지

— 말이 통하지 않는 사람을 바위에 비유하는 말

바늘로 찔러도 피 한 빵울도 안 나겄다　바늘로 찔러도 피

한 방울도 안 나오겠다

— 인정머리가 손톱만큼도 없는 사람을 이르는 말

바다는 미사도 사람 욕심은 못 챈다　바다는 메워도 사람 욕

심은 못 채운다

— 바다는 메울 수 있을지라도 사람 욕심은 끝이 없어서

　다 못 채운다는 말

반:달 겉은 딸 있이먼 온:달 겉은 사우로 삼껐다　반달 같은

딸이 있으면 보름달 같은 사위를 얻을 수 있겠다

— 내 딸이 고와야 좋은 사위를 선택할 수 있다는 말

발뒤꽁치 아퍼서 노래로 못 헌다　발뒤꿈치가 아파서 노래

를 못 하겠다

— 가당찮은 핑계를 대고 해야 할 일을 안 하려고 하는

경우를 빗대는 말

밥보동 꼬치장이 많다　밥보다 고추장이 많다
— 중요하지 않은 일에 더 비중을 둘 때를 빗대는 말

백여시가 따로 없다　여우가 따로 없고 여우짓을 하는 사람이 백여우다
— 하는 짓이 백여우처럼 매우 요망한 사람을 비유하는 말

백호야 날 살리라　호랑이야 나를 살려라
— 죽을힘을 다해서 도망갈 때 하는 말. 도망가는 것을 보고도 하는 말

벌:이 벌소리허지 사람이 벌소리허냐?　벌이 벌 소리를 하지 사람이 벌 소리를 하겠느냐
— 말도 안 되는 허튼소리는 하지도 말라는 뜻

보는 데서만 내 새끼　남들이 보는 데서는 귀해하는 척하

지만 보는 사람이 없으면 구박한다

— 남이 보는 데서만 위해 주는 척하고 남모르게 학대한
　　다는 말

보리 주는디 참외 안 주까?　값으로 보리를 주는데 참외를
안 줄까

— 대가를 치르는데 거절할 리가 없다는 말

부떡에 소금도 집어 여:야 짭다　부뚜막에 있는 소금도 집
어넣어야 짜다

— 무슨 일이라도 부족함이 없이 마무리를 잘 해야 결과
　　가 좋다는 말

부떡에 아 앉히논 것 겉다　부뚜막에 아기 앉혀 놓은 것 같다

— 뜨거운 솥 옆 부뚜막에 애 앉혀 놓은 것처럼 불안하다
　　는 말

부모가 반 팔자　일생을 통해서 모든 면에 부모의 영향이
매우 크다

— 어떤 부모에게서 태어나느냐 하는 것이 운명을 결정
하는 가장 중요한 부분이라는 말

부처님 가운데 토막이다 부처님 제일 소중한 부분이다
— 엄청 점잖은 사람을 이르는 말

부처님 공양 말고 배고픈 사람 밥 믹이라 부처님보다 배고
픈 가난한 사람을 먼저 생각하라
— 부처님께 정성드리는 것보다 가난한 사람 도와주는
것이 복 받을 일이라는 말

부처님 뒤 겉다 부처님 뒷모습 같다
— 겉보기에만 번지르르하다는 뜻

붕알 띠서 개한테나 조 뿌러라 불알을 떼서 개한테나 줘
버려라
— 남자답지 못한 사람을 조롱하는 말

비 맞인 장닭 겉다 비를 맞아서 털이 흠뻑 젖은 장닭 같다

— 꾀죄죄하고 초라한 볼품없는 꼴을 비유한 말

비 오는디 누가 깔 비로 가라디? 비 오는 날 누가 꼴 베러
가라고 했냐?
— 시키지도 않은 일을 해 놓고 불평하는 사람에게 하는
  말

비럭이 간을 빼 묵지 벼룩의 간을 빼 먹지
— 가난한 사람의 것을 후려 먹는 사람을 에둘러 비꼬는
  말

빌:먼 쐬꼿도 녹는다 잘못했다고 빌면 쇠같이 강한 사람
도 풀린다
— 진심으로 사과하면 용서 받을 수 있다는 말

사대육신은 멀쩡헌 놈이 신체는 멀쩡한 사람이
— 건강한 사람이 해야 할 일은 안 하고 빈둥거릴 때 하
  는 말

사람을 직이놓고 잘못했다고　사람을 죽여 놓고 잘못했다고 한다
— 돌이킬 수 없는 잘못을 저질러 놓고 용서를 비는 것을 빗대는 말

사람이 용:허면 쇠한테 물린다　사람이 순하면 소한테 물린다
— 사람이 너무 유순하면 모두가 함부로 대한다는 말

사람이먼 사람이냐 사람이라야 사람이지　사람이 사람이면 사람이랴 사람이 사람이라야 사람이지
— 사람다워야 사람이라 할 수 있지, 도리에 맞지 않은 짓을 하면 사람이라고 할 수 없다는 말

사슴 까죽에 씬 가로왈　사슴 가죽에 쓴 가로 왈(曰) 자
— 가죽을 늘이면 왈(曰) 자가 일(日) 자로 변할 수도 있는데 기준도 없이 실없는 말을 하는 사람을 비꼬는 말

사흘 굶은 건 몰라도 주제 험헌 건 넘이 몬제 안다　사흘 굶은 것은 몰라도 입성이 추한 것은 남이 먼저 안다는 말

— 가난해서 먹지 못하는 것은 남들이 몰라도 옷이 누추
   하면 궁색함이 다 드러난다는 말

삼년 가뭄은 전디도 석달 장마는 못 전딘다 삼 년 가뭄은 견
뎌도 석 달 장마는 견디기 어렵다
— 가뭄 피해보다 장마 피해가 더 무서움을 이르는 말

삼 묵고 열났는갑다 인삼을 먹고 열이 나는가 보다
— 다들 춥다고 하는데 전혀 춥지 않다는 듯 행동하는 사
   람을 빗대는 말

생이 내가는 사람보고 귀창 파주라고 헌다 상여 멘 사람에
게 귀지 파 달라고 한다
— 장소나 상황에 전혀 맞지 않는 행동을 하는 사람을 비
   유한 말

서:발 객지라 세 발(한 발은 성인 남자가 양팔을 쭉 벌렸
을 때 한쪽 손끝에서 다른 쪽 손끝까지의 길이)만 나가도
객지라

— 집 나오면 바로 고생을 한다는 뜻

서:투린 목수가 연장 나무랜다　서투른 목수가 연장 탓을
한다
— 자기 잘못은 덮고 남 탓만 하는 사람을 이르는 말

석달 가뭄에 비 안 온 날 없다　가물 때에는 빗방울만 뿌린다
— 비다운 비는 오지 않고 빗방울만 뿌리는 것을 말함

선무당이 사람 잡는다　선무당이 사람 죽인다
— 서투른 솜씨로 일을 망친다는 뜻

세 치 쎄 끝에 죽을 말이 있다　세 치 혀를 잘못 놀리면 죽
을 수도 있다
— 말을 함부로 하면 죽을 수도 있다고 말조심을 해야 함
　을 강조한 말

손꾸락에 불을 부치고 하늘로 올라가겄다　손가락에 불을
붙이고 하늘로 올라가겠다

— 할 수 없는 일을 하겠다고 장담을 할 때 꼭 그렇게만 하면 나도 똑같이 하겠다는 말은 도저히 할 수 없는 일이라는 뜻

손이 작어서 못 받으까　손이 작다고 주는 것을 안 받을까
— 욕심은 끝이 없다는 말

손지로 이뻐라헝께 할애비 씨염을 뽑는다　손자를 예뻐하니까 할아버지 수염을 뽑으려고 한다
— 아이를 너무 귀여워만 하면 버릇이 없다는 말

송곳도 끝보통 들어간다　송곳 끝부터 넣어야 구멍이 뚫어진다
— 일에는 순서가 있는 법이니 절차를 따라서 해야 한다는 말

쇠 죽은 구신 겉다　죽은 소의 귀신 같다
— 소가 고집이 세고 힘줄이 질기다고 해서, 누구 말도 안 듣고 억세게 행동할 때 하는 말

수양산 그늘이 강동 팔십리로 간다 큰 산의 그늘은 멀리까
지 간다
— 명산 주위에는 경치가 아름다운 좋은 곳이 있듯이 훌
　륭한 사람은 그 덕이 멀리까지 영향을 미친다는 말

숟구락을 났다네 숟가락을 놓았다네
— 죽었다는 말을 돌려 말할 때 쓴다

숟구락만 들먼 청산유수라 숟가락만 들면 말을 흐르는 물
처럼 끊임없이 한다
— 먹을 때만 신이 나서 말이 많다는 뜻

술을 묵었씨까 아랑주로 묵었씨까 술을 먹었을까 아랑주
를 먹었을까
— 술주정을 거칠게 할 때 좋지 않은 독한 술을 먹었을까
　하고 생각한다는 말

쌍지팽이 짚고 나선다 지팡이를 두 개나 짚고 앞서가려고
한다

— 관련도 없는 일에 지나칠 정도로 강력하게 간섭을 할
때 비꼬는 말

씨엄씨 죽고 첨이다   시어머니 죽은 후에야 처음으로 해
본다
— 시어머니 무서워 못 하다가 죽고 나서 비로소 할 수
있다는 말

씩은 밥 따수분 밥 못 개리게 생겼다   찬밥 더운밥 못 가리
게 되었다
— 이것저것 가려서 선택할 처지가 아니라는 말

**아: 난 사람이나 아: 밴 사람이 왔다가 맨입으로 가먼 모릿대가
운단다**   배고픈 임산부를 그냥 보내면 가신도 섭섭해 한다
— 임산부가 오면 반드시 먹을 것을 대접하라는 뜻

아는 놈이 도독질헌다   가까이 잘 아는 사람이 도둑질한다
— 무슨 일이든 모르는 것은 할 수 없다는 말

아 다리고 어 다리다   말은 발음이나 억양에 따라서 다르다

— 말투가 조금 달라져도 듣는 느낌은 아주 다르다는 말

안다니 나흘장 간다   뭐든지 잘 안다는 사람이 당연한 것
도 모른다

— 똑똑한 체하는 사람이 엉뚱한 일을 할 때 하는 말

안 묵어도 배 부리다   안 먹어도 배가 부르다

— 엄청 좋은 일이 생겨서 행복감에 모든 것이 흡족하다
는 말

언: 삐가리맹키다   추워서 웅크리고 있는 병아리 같다

— 바짝 주눅이 든 사람을 보고 하는 말

얼굴에 외:꽃이 핐:다   얼굴이 화색은 없고 오이꽃처럼 누
렇다

— 오랫동안 앓고 건강이 안 좋아서 얼굴빛이 노랗다는
뜻

엉덕 밑에 동냥안치도 불 째는 맛으로 산다 집 없는 거지도 불 쬐는 재미로 산다

— 낙이 있어야 사는 보람을 느낄 수 있다는 말

엉덕이 없어서 못 비빈다 의지할 곳이 없어서 기대지 못한다

— 도움을 받을 수 있는 믿을 곳이 없다

엊그지께가 봄날이지 지난날의 고생은 잊힌다

— 괴로운 일을 당하니까 어려웠던 지난날을 호시절로
  생각한다

엎친 디 덮치고 서리 우에 눈이 온다 엎어진 데 덮치고 서리 위에 눈이 온다

— 우환이 연이어 일어나서 겹쳐 닥친다는 뜻

열무짐치 맛도 안 들어서 군둥내보통 난다 김치가 맛도 들기 전에 군내부터 난다

— 사람이 장성하기도 전에 좋지 않은 짓부터 한다는 뜻

염빙은 나가 헐랑께 멀크락은 니가 빠져라　　병은 내가 앓을 테니 후유증은 네가 겪어라

— 사고는 내가 칠 테니 벌은 네가 받으라는 뜻

염생이 띤가?　　염소 띠에 태어났는가?

— 염소처럼 물을 무서워하는 사람을 이르는 말

염생이 물똥 싸는 거 봤냐?　　염소가 묽은 똥 싸는 것 본 적 있냐?

— 일어날 리가 없는 일을 말할 때의 비유

오강 뚜껑으로 물 떠묵은 셈 친다　　요강 뚜껑으로 물을 떠먹었다고 생각한다

— 불쾌하고 찜찜하지만 조그마한 소득은 있는 셈 친다는 말

오냐오냐 헝께 상투 끝까장 기:오린다　　예쁘다고 하니까 별짓을 다 한다

— 귀여워했더니 버릇이 없다

오뉴월 개:짓머리는 개도 안 걸린다　여름 감기는 개도 안 걸린다

— 못난 짓을 골라서 할 때 빗대는 말

오뉴월 쏘내기는 말뜽을 두고 다툰다　한여름 소나기는 가까운 곳에서도 한쪽은 오고 한쪽은 안 올 수도 있다

— 여름 소나기는 지역적, 부분적으로 오기 때문에 가까운 거리도 어떤 곳은 오고 어떤 곳은 오지 않기도 한다는 말

오늘: 낼 해도 오래만 산다　오래 전부터 죽겠다 죽겠다 해도 오래 견딘다는 말

— 병치레가 잦고 허약한 사람이 오히려 오래 산다는 말

옥니백이랑 꼬시락쟁이 허고는 말도 허지 마라　옥니박이랑 곱슬머리와는 말도 하지 말라

— 옥니인 사람과 곱슬머리는 대부분 성격이 매우 매섭고 깐깐하다고 해서 하는 말

옷고름에 속캐 나 주겄다 옷고름에 솜 넣어 주겠다
— 저고리 고름에 솜을 넣어 주는 것은 아무런 도움이 안
되는데 말로만 인심을 쓸 때 꼬집는 말

왕방울로 솥 가시듯 헌다 굵은 방울로 솥 씻듯이 한다
— 일을 하는 효과는 전혀 없이 시늉만 한다는 말

**외손지는 업고 친손지는 걸키고 감서 업은 애기 발 시럽다 어
서가자 배삐가자 헌다** 외손자는 업고 친손자는 걸리고 가
면서 업힌 애기 발 시리다고 빨리 가자고 한다
— 할머니들이 대부분 외손자를 더 예뻐한다고 비꼬아서
하는 말

외: 씨 겉은 보선발 오이씨처럼 예쁜 버선 신은 발
— 버선 신은 여인의 발 모양이 오이씨처럼 갸름하고 예
쁘다는 말

응달 호박 겉다 그늘에서만 자란 호박 같다

— 생각이나 행동이 명확하지 못하고 흐릿한 사람을 이르는 말

이미성 애비성 못 개리게 생겼다　어머니 성씨도 아버지 성씨도 못 가리게 되었다
— 너무 바쁘고 급해서 부모 성씨도 못 가릴 정도로 정신이 없다는 말

이 새 저 새 했싸:도 묵세가 질이다　이러자 저러자 해도 먹자고 하는 일이 제일이다
— 무엇보다도 먹는 일이 가장 중요하고 좋다는 말

이삐잖은 미느리가 지삿날 빙:난다　예쁘지도 않은 며느리가 제삿날 병이 난다
— 미운 사람이 더 미운 짓만 한다는 뜻

일에는 비돌이 묵을 때는 감돌이　일할 때는 비켜 다니고 먹을 때는 나타난다
— 일할 때는 살살 피해 다니다가 먹을 때는 와서 더 많

이 먹으려는 사람을 두고 하는 말

입 나:돗다가 어디다가 씨까　입을 말할 때 안 쓰고 어디에 쓸까

— 정작 말해야 할 때 아무 말도 못하는 사람을 두고 하는 말

입만 갖고 댕긴다　입만 가지고 다닌다

— 어디를 가나 얻어먹기만 하는 사람을 비유

입술에 춤이나 보리고 말허지　입술에 침이나 바르고 말을 하지

— 새빨간 거짓말을 서슴없이 하는 사람을 비아냥거리는 말

자랑 끝에 쉬 씰는다　자랑을 많이 하는 일에는 파리가 알을 낳는다

— 자랑을 지나치게 많이 하면 좋지 않은 일이 생긴다는 뜻

작:게 묵고 가는똥 싼다　　조금씩 벌어서 조금씩 먹고 아끼면서 산다

— 자신에게 맞게 분수를 지켜야 한다는 뜻

잠산에다가 조상뫼로 썼는갑다　　조상 묘를 잠 산에다 모셨나 보다

— 일은 안 하고 틈만 나면 잠을 자는 사람을 보고 하는
　말

재수없는 놈은 뒤로 자빠져도 캐가 깨진다　　재수가 안 좋으면 뒤로 넘어져도 코를 다친다

— 운이 안 좋으면 작은 일도 꼬여서 큰일이 된다는 말

저런 놈을 낳고도 믹국을 묵었이까?　　저런 자식을 낳고도 미역국을 먹었을까

— 자식이 개차반일 때 하는 말

절이 망헐라먼 빈대가 끓는다　　절이 망하려면 빈대가 많이 보인다

— 궂은 일이 생기려면 징조가 나타난다는 뜻

접시 밥도 담을 탓이다　접시에 담은 밥도 담는 사람 마음
탓이다
— 무슨 일이든지 조건은 안 좋아도 성의껏 하면 결과는
　다르다는 뜻

조선에는 없는 일이다　우리나라에서는 일어날 수 없는 일
이다
— 도저히 일어날 수 없는 해괴한 일이라는 말

졸갑씨런 구싱은 물밥도 못 얻어묵는다　경망스런 귀신은
물밥도 못 얻어먹는다
— 경솔하게 행동하면 대우도 못 받는다는 뜻

종지 속에 든 윷짝이다　윷놀이 할 때 아직 던지기 전의 윷
짝이다
— 결과를 보기 전에는 어떻게 될지 아무도 모른다는 말

종 처뿌렀다   종을 쳐 버려서 끝났다

— 일이 끝나 버려서 어쩔 수 없다는 말

죄값은 당대에 받는다   죗값은 자신의 대에 받는다

— 나쁜 짓을 하면 반드시 벌을 받는다고 바르게 살아야

　　한다는 뜻

죄진 놈 따로 매맞는 놈 따로   죄 지은 사람 따로 있는데 딴

사람을 처벌할 때

— 죄 지은 놈은 놔두고 무고한 사람이 벌을 받고 피해를

　　당할 때 하는 말

주둥이만 살았다   입만 살았다

— 말로만 큰소리치는 사람을 보고 하는 말

주먹은 개죽고 법은 멀다   주먹은 가깝고 법의 판결을 받

기는 어렵다

— 사람은 문제가 생기면 이성적으로 해결하기보다는 주

　　먹을 먼저 쓰게 된다는 말

죽이 끓든가 갱이 끓든가　죽을 끓이든가 국을 끓이든가

— 무슨 일이 어떻게 되든지 관심이 없다는 말

지게 아니면 바:지게　지게나 바지게나

— 도 아니면 개라는 식으로 이거나 저거나 별 차이가 없
을 때 하는 말

지팽이 잊어뿌린 봉사 신세　지팡이를 잃어버린 장님 신세

— 아무것도 할 수 없는 황당한 경우를 뜻함

집에서 새는 쪽박 들에서도 샌다　집에서 새는 바가지는 들
에서도 샌다

— 나쁜 버릇은 감추려고 해도 어디서든지 드러나게 된
다는 뜻

참깨 들깨 노는데 아주까리 못 놀까?　참깨 들깨 노는 곳에
아주까리 씨는 못 갈까

— 남들도 다 노는데 나도 놀아 보자고 나서는 사람한테

하는 말. 격이 다른 사람들과도 차별 없이 어울릴 수
있다는 뜻도 있는 말

칼을 뺐이먼 호박이라도 찔러야지　칼집에서 칼을 뺐으면
호박이라도 찔러 봐야지
— 계획한 일을 시작도 하지 않고 포기하면 안 된다는 뜻

한본 꺼머지먼 희게 되기는 이럽다　한번 안 좋게 보면 좋게
보이지 않는다
— 나쁜 짓을 한 사람으로 인식이 되면 생각이 쉽게 바뀌
　지 않는다는 뜻

호랭이가 물어갈 놈　호랑이가 물어 갈 만큼 나쁜 사람
— 호랑이는 산신이니까 호랑이가 물어 갈 만큼 못된 인
　간이라는 말

혼사치레 허지 말고 팔자치레 허라 했다　혼사를 성대하게
한다고 잘 사는 것이 아니고 팔자대로 사는 것이다

— 분에 넘치게 화려하고 사치스럽게 혼사를 치르는 경
우 그렇게 한다고 결혼 생활을 잘하는 것이 아니라는
뜻으로 쓰는 말. 또는 그렇게 분수에 맞지 않게 결혼
식을 하는 사람들치고 잘 사는 사람들이 없다는 뜻으
로도 쓴다.

여수와 돌산섬을 연결하고 있는 돌산대교의 저물녘. 돌산공원에서 내
려다보이는 이 돌산대교와 여수 밤바다는 이제 여수를 대표하는 상징
이 되고 있다.

전래 민요 ─ 나무타령

가자가자	감나무
오자오자	옻나무
바람 솔솔	소나무
십리 절반	오리나무
사시사철	사철나무
대낮에도	밤나무
목에 걸려	가시나무
칼로 베어	피나무
한 치라도	백자나무
소년 시절	영감나무
함박 웃어	함박꽃나무
밥풀때기	박태기나무

죽어도   살구나무
덜덜 떠는   사시나무
불 밝혀라   등나무
남쪽에 난   동백나무

오자마자   가래나무
너랑 나랑   살구나무
하느님께   비자나무
방귀 뀌어   뽕나무

그렇다고   치자나무
거짓말도   참나무
맛없어도   명감나무
코 풀었다   팽나무

깨어나도   자두나무
미련하다   곰나무
돈이 많아   은행나무
맛이 좋아   떡갈나무

잘했어도   사과나무
꼼꼼하다   참빗나무
팔자 좋아   돈나무
목돈 마련   은행나무

오다 보니   오동나무
가다 보니   가닥나무
따끔따끔   가시나무
앵 토라져   앵두나무

깔고 앉아   구기자나무
마당 쓸어   싸리나무
양반 동네   상나무
갓난아기   자작나무

셈 잘한다   계수나무
젖 먹여라   수유나무
풀었어도   매자나무
네 편 내 편   양편나무

싸웠어도　　벚나무
장마 져도　　가문비나무
오줌 싼다　　쉬나무
불에 붙여　　향나무

삼삼하다　　삼나무
입 맞추어　　쪽나무
영감 천지　　감나무
한 자 두 자　　잣나무

잘못했다　　사과나무
빌어 보자　　비자나무
다섯 동강　　오동나무
가뭄에　　가문비나무

재 노랗다　　노린재나무
누린내에　　누리장나무
향기 난다　　향나무
가려워라　　옻나무

쥐 없어도   쥐똥나무
복장 터져   복장나무
늠름하다   느릅나무
탱탱 불어   탱자나무

조각조각   조각자나무
팽글팽글   팽나무
딸랑딸랑   방울나무
작살나는   작살나무

댕강 잘라   댕강나무
번쩍번쩍   광나무
삐죽삐죽   비쭉이나무
빵빵 쏘아   딱총나무

활 잘 쏘아   화살나무
밤에 보자   야광나무
잠자 두자   자두나무
꽃 숨었다   무화과나무

한 푼 두 푼　　　돈나무
고대광실　　　고광나무
굴건 상주　　　굴거리나무
풀었어도　　　매자나무

반말하는　　　야자나무
친구 따라　　　벗나무
엄청 쓰다　　　소태나무
신비하다　　　비술나무

졸병은　　　　졸참나무
장수는　　　　장수팽나무
채찍질에　　　말채나무
산소 옆에　　　비목나무

아가에게　　　쉬나무
인정 많다　　　다정큼나무
쪼록쪼록　　　조록나무
아이고 배야　　아그배나무

말아 먹자   국수나무
매운맛에   고추나무
보리 방귀   보리밥나무
쌀밥에   이팝나무

수라상에   상수리나무
단맛 보아   다래나무
국록 먹어   녹나무
군침 돈다   신나무

환자 없다   무환자나무
건강해서   무환자나무
나보고는   나도밤나무
너보고는   너도밤나무

신발 깔개   신갈나무
홍두깨에   박달나무
여름에   으름덩굴
가을에   갈참나무

겨울에   겨우살이
찌르르   찔레나무
비 내린다   낙우송
잎 떨어져   낙엽송

푸르러도   단풍나무
속이 비어   대나무
같지 않다   다름나무
잘 그렸다   회화나무

석가모니   보리수나무
부처 머리   불두화
관세음보살   염주나무
뜰에는   뜰보리수

진짜 중   참중나무
중 모였다   때죽나무
가짜 중   가죽나무
헛것 봤다   헛개나무

산 사과　　　산사나무
두메에는　　　두메오리나무
멀리 있다　　　먼나무
여기 있다　　　이나무

남쪽 하늘에　　　남천나무
까마귀 사촌　　　오죽나무
꾸깃꾸깃　　　지뽕나무
들며 나며　　　들메나무

분 발랐다　　　분비나무
솟아라　　　소사나무
늘어졌다　　　능수버들
쉬어 가자　　　쉬땅나무

진짜 달래　　　진달래
참아라　　　인동덩굴
명사십리　　　해당화
천신 만신　　　전나무

소귀신　　　소귀나무
자는 귀신　　자귀나무
얼룩 줄기　　버짐나무
물에 풀려　　물푸레나무

부부 금슬　　자귀나무
자손 번성　　석류나무
다섯 갈래　　오갈피나무
쥐똥 열매　　쥐똥나무

귀신 쫓는　　복숭나무
꿩의 사촌　　닥나무
텀벙텀벙　　물오리나무
빠르다고　　화살나무

늙었다고　　느릅나무
못생겼다　　모과나무
떡 해 먹자　　떡갈나무
달 가운데　　계수나무

웃음의 표현

방싯방싯	빵싯빵싯
방실방실	빵실빵실
방긋방긋	빵긋빵긋
방글방글	싱글벙글
배시시	피시시
킥킥킥	키득키득
실쭉샐쭉	킬킬킬
깔깔깔	껄껄껄
호호호	후후후
하하하	허허허
까르르	푸후후
으흐흐흐	

미소, 대소, 폭소, 비웃음, 헛웃음, 요절복통, 포복절도 등등

눈이 머들머들허다

눈이 씰룩씰룩헌다

머리가 지끈지끈허다

배가 꼬질꼬질 아프다

배가 꿀태:꿀태 아프다

배가 살:살 아프다

속을 깎는다

속이 대린다

속이 먹먹허다

속이 미식미식허다

속이 용용기린다

속이 울렁울렁헌다

손꾸락이 욱씬욱씬기린다

샛바닥(혀)이 까칠까칠허다

씨럽다

씸벅씸벅허다

엉치(허리와 엉덩이 사이)가 묵찌근:허다

우릿:허다

입안이 더분더분허다

찌릿찌릿허다

쿡쿡 쑤신다

톡톡 쏜다

허리가 뻐근:허다

여수시 돌산읍 군내리 벽송정 아래(옛 망곡헌 자리) 송도가 마주 보이는 바닷가에서 해조류를 뜯는 부지런한 손놀림의 여인네들

<table>
<tr><td>부록 5</td><td><h1>맛에 대한 표현</h1></td></tr>
</table>

간:간허다	시큼:허다
짭쪼롬:허다	새콤:허다
짭짤:허다	시다
짭다	시디:시다
짭띠:짭다	쌉싸름:허다
금들큰:허다	씹다(쓰다)
달보드름:허다	씹띠:씹다(쓰디쓰다)
달짝찌근:허다	텁:다
달큼:허다	떱:다
달다	떱띠:떱다
다디:달다	시금털털:허다
매콤:허다	밍밍:허다
맵다	
맵디:맵다	

잠의 종류

갈개잠　이리저리 뒹굴며 자는 잠

꽃잠　신혼 때 깊이 든 잠

나비잠　아기들처럼 두 팔을 위로 벌리고 자는 잠

낮잠　낮에 자는 잠

늦잠　아침 늦게까지 자는 잠

말뚝잠　앉은 채로 자는 잠

먹잠 / 통잠　주위가 시끄러워도 안 깨는 잠

벼룩잠　잠깐씩 자는 잠

새우잠　몸을 옆으로 꼬부리고 자는 잠

선잠　잘 자고 있는 도중에 시끄럽게 하거나 깨워서 깬 잠

야수잠 / 여우잠　깊은 잠을 못 자고 자꾸 깨는 잠

이슬잠　일어났다가 아침 식사 전에 다시 자는 잠

칼잠　좁은 데서 모로 끼어 자는 잠

한뎃잠　한데서 자는 잠

귀 단지　위는 좁게 길고, 중간에 액체가 나올 귀를 달아 놓은 것

단지　위아래가 비슷하고 세로가 조금 길게 생겼는데, 크기가 다양함.

도가지(독, 항아리)　크고 작은 항아리들. 요즘도 흔히 볼 수 있다.

동우　보통 높이 약 38~40cm, 지름 26cm 정도. 위쪽이 약간 넓고, 양쪽 중간에 손잡이가 있다. 대, 소 차이가 있는 것이 많다.

바내기　야트막하고 넓적한데, 크기는 다양해서 주로 독 뚜껑으로 사용한다. 콩나물 기를 때 물그릇으로도 쓰는데, 바내기 위에 치떠리를 가로질러 놓고 콩나물 동이를 올려 놓는다.

성주 동우(동이)　매년 추수한 첫 곡식을 새로 담아서 조상님께 올릴 때 쓰는 동이. 신주를 모시

는 감실이 있는 큰 청마루에 곡식을 담은 동이를 일 년 내내 놓아 둔다.

시리(시루)　떡을 찔 때 쓰는 옹기로 저박지보다 더 넓은데 바닥에 김이 올라오는 구멍들이 있고 양쪽에 손잡이가 있다. 크기는 대, 중, 소가 있다.

약단지(약탕기)　한약을 달일 때 사용하는 그릇

오가리　질그릇. 주로 갱 솥(국 끓이는 솥)으로 사용한다.

옴박지　모양은 저박지와 비슷한데 좀 작은 것

웅팅이　단지보다 큰데, 허리가 약간 불룩하고 입이 허리보다 좁다.

저박지　동이보다 약간 낮은데, 위쪽이 넓고 양쪽에 손잡이가 있다.

추낭구　독보다 조금 작은 옹기

툭시발 / 투가리　요즘의 양푼처럼 쓰던 용기

확독　김치 양념을 갈 때 쓴다. 돌확도 있음.

치마 끈 졸라매고 논 샀더니

여숫말　**치매끈 땡기 뭉끄고 배불리 못 묵고 애끼서 논을 샀드마는**

물 좋고 밭 좋은 데로 신작로가 난다

여숫말　**물 좋고 땅 심 존디로만 너리디 너린 새질을 낸다**

신작로 난 일도 내 원통한데

여숫말　**새질을 냄소롱 밭이 들어 갔인께 분허고 어굴헌디**

지도 비 무라는 고지서가 나왔네

여숫말　**질 맨드림서 들어간 돈을 내라는 통지서가 나왔네**

산 좋고 물 좋은 데는 일본 놈 살고

여숫말　**산도 좋고 물 질이 존디는 일분 놈이 살고**

논 좋고 밭 좋은 데는 신작로 낸다

여숫말　땅씸이 존 논밭에는 새 질을 딲어 낸다

신작로가 생기자마자 임도 죽어 버리고

여숫말　너리고 존 새 질이 생김소롱 뽀로 그작에 님도 시상
　　　　을 뜨고

보기 싫은 택시는 날마다 다니네

여숫말　꼴도 비기 싫은 택시란거이 날마동 댕기 쌌네

만주로 떠난 님을 그리며

여숫말　만주로 가뿌린 님을 기루버라 험시로

만주에 봉천은 얼마나 좋아

여숫말　만주에 있다는 봉천이란 디가 아무리 존 볼로

꽃과 같은 날 버리고 봉천을 가는가

여숫말　꽃 맹키로 이삔 나로 비리고 봉천으로 갔는가

일본아 대판아 다 무너져라

여숫말 **일분이나 대판이나 싹 다 허그라져뿌러라**

육로로 걸어서 님 찾아가자

여숫말 **난질로 내내 걸어서 님이나 찾으로 가보자**

그림과 함께하는 엮은이의 일상

《모라니 김정자 개인전—인생을 담다》 개막식에서 인사말 중인 엮은이

김정자씨가 원고지에 글을 쓰고 있다. 김씨는 30년 모은 '전라남도 여수·돌산지역 사투리'를 비매품으로 자비 출간했다 개정판을 준비 중이다. 김진수 선임기자 jsk@hani.co.kr

엮은이 관련 기사 - 한겨레신문 2024년 11월 22-23일 주말판

[.txt] 커버스토리 「이토록 활자에 진심인 86살 '청춘'」

https://www.hani.co.kr/arti/culture/book/1168833.html

엮은이 관련 기사 - 여수신문 2022년 9월 1일 발행
'전국 최고령 BTS 아미'의 여수사투리 책 발간 "화제"
http://m.yeosunews.net/news/articleView.html?idxno=46656

엮은이 관련 영상 - 여수 MBCPrime [어바웃 우리동네] 2023년 10월 5일 방송
나이는 숫자에 불과할 뿐! 열정 할매 '모라니'가 사는 법
https://www.youtube.com/watch?v=UpjE9lJokkw&t=5s

여숫말은 개미지다

ⓒ 모라니 김정자, 2025

초판 1쇄 발행 2022년 5월 1일
　　 2쇄 발행 2022년 6월 19일
　　 3쇄 발행 2025년 4월 5일

지은이　　모라니 김정자
펴낸이　　이기봉
편집　　　좋은땅 편집팀
펴낸곳　　도서출판 좋은땅
주소　　　서울특별시 마포구 양화로12길 26 지월드빌딩 (서교동 395-7)
전화　　　02)374-8616~7
팩스　　　02)374-8614
이메일　　gworldbook@naver.com
홈페이지　www.g-world.co.kr

ISBN　979-11-388-4126-9 (03710)